101
reflexões para evitar que sua empresa entre em crise

101
reflexões para evitar que sua empresa entre em crise

Rivaldo Chinem

DIREÇÃO EDITORIAL:
Marlos Aurélio

COPIDESQUE:
Ana Rosa Barbosa

CONSELHO EDITORIAL:
Avelino Grassi
Fábio E. R. Silva
Márcio Fabri dos Anjos
Mauro Vilela

REVISÃO:
Leo Agapejeu de Andrade

DIAGRAMAÇÃO:
Tatiana A. Crivellari

CAPA:
Gustavo Fiorin

1ª impressão

© Editora Ideias & Letras, 2016

Rua Tanabi, 56 – Água Branca
Cep: 05002-010 – São Paulo/SP
(11) 3675-1319 (11) 3862-4831
Televendas: 0800 777 6004
vendas@ideiaseletras.com.br
www.ideiaseletras.com.br

Dados Internacionais de Catalogação na Publicação (CIP)
(Câmara Brasileira do Livro, SP, Brasil)

101 reflexões para evitar que sua empresa entre em crise / Rivaldo Chinem /
São Paulo: Ideias & Letras, 2016.

ISBN 978-85-5580-006-1

1. Administração 2. Comunicação
3. Criatividade nos negócios 4. Crises financeiras
I. Título

154-10128   CDD-658

Índice para catálogo sistemático:
1. Empresas: Administração   658

Este livro é dedicado a
Paula de Carvalho Chinem

SUMÁRIO

Prefácio	**13**
Apresentação	**15**

1. A analista e o guru — 17
2. A Bahia come — 18
3. A cobertura de cidades — 19
4. A geração y — 20
5. A hora dos consultores — 21
6. Leitura da garotada — 22
7. A lição da rosa — 23
8. A lição da telenovela — 24
9. A linguagem da TV — 25
10. A marca das empresas — 26
11. A monja — 27
12. A cara do *lobby* — 28
13. A dona de casa — 29
14. A nova economia — 30
15. A opinião pública — 31
16. A voz dos especialistas — 32
17. África, adeus — 33
18. Agências sociais de notícias — 34
19. Água e mídia — 35
20. Água mole em pedra dura — 36

21. Autópsia de um jornal — 37

22. Arquitetura e informação — 38

23. Arquivos vivos — 39

24. Arrependimentos terminais — 40

25. As abelhas e os sinais — 41

26. As boias-frias — 42

27. Assédio moral — 43

28. Ativistas de um novo tipo — 44

29. Autorregulação da imprensa — 45

30. Aventura submarina — 46

31. Bioética em questão — 47

32. Biografia do poeta — 48

33. Bisbilhotice corporativa — 49

34. Carybé, um artista em exposição — 50

35. Celebridades — 51

36. Che e um furo internacional — 52

37. Cibercultura — 53

38. Cinema e política — 54

39. Cineminha — 55

40. Clube de leitores — 56

41. Colecionador de vozes — 57

42. Contos para crianças — 58

43. Cotas raciais — 59

44. Crianças abandonadas — 60

45. Crianças conectadas — 61

46. Defesa animal — 62

47. Economia cultural — 63

48. Em defesa da cultura nacional — 64

49. Entretenimento e não noticiário — 65

50. Esculturas midiáticas — 66

51. *Microchips* assustadores — 67

52. Proteção animal nas escolas — 68

53. Fonte e verdade — 69

54. Gastronomia do bem — 70

55. Gravura brasileira — 71

56. Imagem comprometedora — 72

57. Índia e as mudanças do mundo — 73

58. Indústria cultural *x* jornalismo — 74

59. Instinto de repórter — 75

60. Jornal das esquinas — 76

61. Jornais empresariais — 77

62. Jornalismo romântico — 78

63. Jornalistas esportivos 1 — 79

64. Jornalistas esportivos 2 — 80

65. Missão da notícia — 81

66. Muitas plataformas — 82

67. Notícia digital — 83

68. O aviso da natureza — 84

69. O entrudo — 85

70. O gosto do jornalismo — 86

71. O homem-cavalo — 87

72. O mercado das customizadas — 88

73. O palhaço — 89

74. Objetividade do entrevistador — 90

75. Os caminhos do frila — 91

76. Os *press releases* — 92

77. Os sertões — 93

78. Ouvir as ruas — 94

79. Papagaios — 95

80. Pensar o Brasil — 96

81. Pinguins de pelúcia — 97

82. Pinóquio eterno — 98

83. Polo de convergência — 99

84. Predadores — 100

85. Problema na imagem do índio — 101

86. Propaganda e *Markerting* — 102

87. Radiografia histórica da Baixada — 103

88. Riscos dos jornalistas — 104

89. Selvagens na metrópole — 105

90. Ser feliz — 106

91. Sociedade de massa — 107

92. Sociologia da tecnologia — 108

93. Sugestão aceita ou não — 109

94. Telenovela cinquentona — 110

95. Tempo de negócios — 111

96. Trabalho, lutas e avanços — 112

97. Unanimidade — 113

98. Uso livre das redes sociais — 114

99. Violência urbana — 115

100. Vários públicos — 116

101. Voz da razão — 117

PREFÁCIO

Contra o blá-blá-blá: o texto curto e a oportunidade do pensar

Sem abusar muito do seu tempo, receba, em primeiro lugar, meus parabéns! Os cumprimentos se justificam por saber que este exemplar, obra do comunicador Rivaldo Chinem, está nas suas mãos. Ele reuniu, neste volume, provocações relacionadas ao vastíssimo universo da comunicação, resultado de suas andanças, conhecimentos, conversas, entrevistas e observação do mundo. Estou certo de que as provocações vão atiçar sua vontade de ler, refletir e tirar suas próprias conclusões. Este é um bom momento para o sempre saudável e saboroso exercício de pensar, no qual olhar ângulos diferentes para a mesma questão e considerar opiniões diferentes ajudam a nos conduzir, serenamente, às conclusões da visão que cada um tem do mundo. Portanto, nas páginas a seguir, você encontrará 101 textos curtos e, neles, possibilidades em número muito maior. Aproveite!

E acredite: Rivaldo é um grande cara, para lá da sua competência profissional. Dono de um faro apurado do repórter de antigamente, com disposição para gastar sola de sapato para trazer a informação da melhor qualidade, imparcial e suficiente para contar a história. É também um amigo à moda antiga, tipo difícil de encontrar, um cara do bem, completamente. Sua carreira é invejável. Jornalista, profissional da comunicação, conselheiro, consultor, com enorme experiência, atuação nos dois lados do balcão, em veículos e empresas e entidades. Por exemplo, trabalhou na Folha de São Paulo, no Estado de São Paulo, na revista Veja, na rádio Tupi, na TV Gazeta, no portal Terra, na agência Estado, entre outros. Assessorou importantes grupos empresariais, redes, sindicatos, empresários, políticos e profissionais liberais. É professor de cursos no Sebrae, na Aberje, na PUC-SP e também na USP. Além disso, é autor de diversos livros. Ou seja, você está em excelente companhia e espero que, como eu, tenha muito prazer na leitura.

Luiz Márcio Ribeiro Caldas Junior [1]

---

[1] Comunicador, escritor e jornalista.

101 reflexões para evitar que sua empresa entre em crise

APRESENTAÇÃO

A comunicação corporativa está em moda e se refere à gestão da comunicação estratégica da organização, ou seja, ao planejamento e à administração dos relacionamentos da empresa pela utilização dos princípios da comunicação social, com o objetivo de construir e manter a identidade, imagem e reputação empresariais perante todos os seus públicos.

Nesta época de invasão de tecnologias da comunicação, em que todos vivemos conectados, o mesmo princípio é válido para a criação e manutenção da imagem individual, também chamado de *marketing* pessoal.

O autor reúne, neste livro, uma série de temas atuais e variados que são tratados e discutidos nas empresas e no mundo corporativo. Os assuntos são vistos unicamente sob o prisma da comunicação, sejam eles de fundo científico, econômico, literário ou mesmo envolvendo pessoas notórias e conhecidas do grande público.

São capítulos curtos e escritos de forma coloquial, como crônicas de jornal, tema único em todo o mundo e iniciado pelo jornalista Rubem Braga, ainda hoje o maior cronista de todos os tempos. Passando de um tema para outro, o que fica na mente de quem lê cada capítulo é uma lição, um aprendizado sobre o que está gravitando hoje em torno da comunicação do mundo corporativo.

No mercado editorial há inúmeros livros com o mesmo tema, mas a maioria é composta de teses, escritas em linguagem acadêmica, cheias de referências e que deixam a leitura estressante e cansativa. Neste livro a linguagem é coloquial, todo mundo pode entender.

O assunto abordado não é um só, a não ser o pano de fundo, que é a comunicação. Aquela que vem das empresas, a comunicação corporativa.

Os temas, ou seja, cada capítulo traz uma visão sob a ótica jornalística, isto é, linguagem que o leitor de todos os níveis vai entender e se envolver com gosto na leitura. Não precisa ser pós-graduado ou doutor para entender o que é abordado neste livro.

Concordamos com a jornalista Silvana Andrade, da agência Ande, que entende que a imprensa não apenas informa, ela forma conceitos, modifica ideias, influencia decisões, define valores, participa das grandes mudanças sociais e políticas, trazendo informação para o indivíduo pensar, agir e ser. Essa é a essência da comunicação.

E o trabalho da imprensa se torna especialmente importante quando traz informações preciosas que fazem parte da vida de todos nós.

Esperamos que a leitura deste livro ajude a extrair algo de proveitoso para nossas ações do dia a dia, tanto na vida pessoal quanto na profissional.

Os editores

101 reflexões para evitar que sua empresa entre em crise

1 A analista e o guru

Colega mineira veio com o marido, também jornalista, para São Paulo ao aceitar convite para editar semanário. Como todo começo se não de carreira, pelo menos em nova praça, ficou encantada com os grandes nomes que ela conhecia somente pela leitura das festejadas colunas que eles assinavam. Para quem perguntava o que ela fazia – fora preparar o material todos os dias –, ela dizia que orientava empresários em suas aplicações financeiras.

Há muitos, inúmeros riscos nessa atividade, segredava. Todo mundo quer resultado palpável, mas quando se lida com papel há sempre surpresas, algumas boas e a maioria, más.

Corto para outra cena. Rapazinho se senta na posição de ioga no chão do último vagão de metrô e toca um instrumento como se tivesse teclando um *laptop*. O som é baixo, mas agradável. O instrumento, de ferro fundido, lembra uma dessas cúpulas de luminárias. É como uma pequena nave, aberta no fundo. Ao terminar a viagem, vejo que o guru não mais está concentrado em tocar o estranho instrumento e pergunto qual o nome. Não tem nome. Ele mesmo fez. Não inventou nada. Simplesmente viu pela internet e copiou. Uma das notas, não sei se o fá ou o si, não estava bem e ele pediu para um amigo metalúrgico afinar, sem sucesso. Pergunto se o guru é músico, ele diz que toca violão, piano e alguns outros instrumentos, mas não é profissional. Só faz por diversão. Nunca pensou em viver da música. Faz porque gosta.

A colega dublê de analista financeira também procura fazer o que gosta, fora de sua rotina de fechamento de dezenas de páginas de um semanário. Só que seu objetivo, ao contrário do músico, é fazer os outros ganharem dinheiro, além de se realizar como consultora na área financeira. É apenas impressão, mas creio que o guru com seu novo instrumento musical que nem nome tem ainda é muito mais feliz do que a colega analista financeira. Pelo menos é o que seu semblante sereno indica, na santa paz dos milhões de caminhantes da cidade grande.

101 reflexões para evitar que sua empresa entre em crise

2 A Bahia come

Mãe de recepcionista de escritório de São Paulo era a responsável pela limpeza do prédio. Certa vez ela contou que seus familiares em Ilhéus, Bahia, trabalhavam para uma figura lendária, o escritor Jorge Amado. Citou os nomes dos dois filhos do grande escritor e disse ter participado de muitos episódios da vida daquela família. Era um segredo até àquela hora nunca revelado para ninguém, assegurou a filha ao jurar que desconhecia o fato.

No Aeroporto Luiz Eduardo Magalhães, Salvador, Bahia, aonde tinha ido dar treinamento em empresa, dava uma volta para apanhar o táxi que me levaria para o hotel. Ao ver uma casinha de alvenaria, as panelas, o guardanapo, a caixinha de isopor para embalar os pedidos para viagem, parei para deliciar seu prato típico. Enquanto preparava o acarajé, a cozinheira disse que a dona do estabelecimento, sua tia, já havia cozinhado para um presidente da República. Diante da minha curiosidade ela contou que sua tia havia recebido convite de um parlamentar baiano para que fizesse um prato típico para o então presidente Juscelino Kubitschek, quando Brasília foi inaugurada. Nesse dia, muito especial, o chefe da nação recebeu inúmeras autoridades de todo o mundo. A cozinheira baiana, segundo sua sobrinha, fez mais sucesso com seus pratos do que a obra arquitetônica então inédita assinada pelo arquiteto Oscar Niemeyer.

Houve tempo em que toda pessoa vinda da Bahia para São Paulo dizia ter trabalhado na cozinha do senador Antonio Carlos Magalhães. A impressão que se tem é que naquele estado só as famílias com grifes é que têm direito a comer. O resto do povo tem que se contentar em procurar emprego, que é pouco nessa cidade que eles acreditam ser cercada de mistério e de magia.

O povo, em sua milenar sabedoria, acredita no poder das marcas. Isso o aproxima, de alguma forma, dos empresários que, a rigor, trabalham com esses valores o tempo todo.

3 A cobertura de cidades

Por que os grandes jornais desprezam a editoria de cidades? Exceção ao jornal O Globo, os concorrentes Folha e Estadão há muito fugiram da briga. Para responder à questão, nada melhor do que ir à própria fonte, ou seja, questionar o diretor de redação, Ascânio Saleme, catarinense que trabalhou em Minas, Brasília, Florianópolis e passou por TV, revistas e jornal. Está em O Globo desde 1988.

De que maneira você acha que os jornais de São Paulo tratam mal a cidade? Sua resposta: "Para a Folha e para o Estado, as questões da cidade são menores. Eles têm um caderno que se perde no meio dos outros... Para nós, não. Nosso caderno está na primeira separata, no primeiro caderno. E no Cotidiano, por exemplo, tem Rio, tem polícia... Parece que os jornais de São Paulo se envergonham da cidade, é uma questão que eles consideram menor que os problemas macro da economia, da política, do mundo. Nós também concordamos que os assuntos nacionais são muito importantes, vitais, que é imprescindível que se entenda a economia para fazer suas opções de vida. Agora, sem conhecer sua cidade, você não vai a lugar nenhum. Nós entendemos do Rio de Janeiro como ninguém, e a gente quer que o leitor se aproprie disso e saiba que a gente tem esse valor".

Creio que o colega Ascânio, o novo timoneiro de O Globo, foi direto ao alvo, ou seja, deu uma verdadeira aula, experiente que é no trato das notícias. Boa sorte em seu novo posto. Vai ter bastante trabalho pela frente.

Passados alguns anos no cargo, fiquei sabendo que o diretor de redação de O Globo está se dando muito bem. Escolher a pessoa certa para o cargo certo é comum nas grandes empresas e reforça a certeza de que todos ganham com isso.

101 reflexões para evitar que sua empresa entre em crise

4 A geração y

Para conhecer melhor seu consumidor, os *designers* da Nike preferem ver jogos de futebol ou competições de *skate* a realizar pesquisas de mercado. A Motorola criou um time com a missão de estudar especificamente seu grupo de consumidores e descobriu que esses jovens se preocupam mais com o estilo do que com a tecnologia, até então a principal estratégia da indústria de celular para conquistar esses consumidores. A empresa criou então um aparelho que teve enorme sucesso graças às muitas cores aplicadas ao seu *design* avançado.

A geração de jovens com idade entre 18 e 30 anos tem desestabilizado as campanhas de *marketing* tradicionais. A chamada geração y é formada por pessoas bem-sucedidas, questionadoras, aficionadas por tecnologia, cheias de opinião e muito ligadas à internet.

Uma plataforma de conteúdo voltada para o público jovem detectou que 90% considera a internet o principal meio de informação. Folhear revistas ou ir à banca comprar o jornal do dia são atividades que foram vencidas pelos avanços tecnológicos. Por isso, os veículos de comunicação investem cada vez mais em *sites* mais completos e atualizados.

A chamada geração y, também conhecida como geração do milênio ou da internet, cresceu numa época de grandes avanços tecnológicos e prosperidade econômica. Os pais fomentam sua autoestima. Cresceram estimulados por atividades, fazendo tarefas múltiplas. Acostumados a conseguir o que querem, não se sujeitam às tarefas subalternas de início de carreira e lutam por salários ambiciosos desde cedo.

O volume de informação disponível é intenso e chamar a atenção dessa tribo não é tarefa simples. Como se vê, numa era da comunicação instantânea, o tradicional não tem mais vez.

5 A hora dos consultores

Na plenitude da capacidade intelectual e ainda com muito vigor físico, o executivo tem na idade um entrave para obter um emprego tradicional. Ou, mesmo quando relativamente jovem, os desafios de um emprego não cabem no seu perfil. Ou ainda, quando este cidadão enjoou da vida corporativa ou do estresse do trabalho em sua atividade diária.

Em circunstâncias normais, com bagagem profissional, capacidade de analisar e discernir de forma segura os mais intrincados e complexos pareceres de comunicação, sabendo que enfrenta com sucesso situações adversas, esse profissional é um candidato natural a consultor de comunicação, atividade que pode lhe permitir seguir sua jornada na área e na própria profissão, com ganhos financeiros e qualidade de vida superiores. E melhor: em vez de pôr fim a uma atividade, às vezes de décadas, dela abrindo mão no seu melhor momento intelectual e profissional, transforma-a num bem valioso para o mercado, para as organizações, para a sociedade e, sobretudo, para o País.

Wilson Baroncelli descreveu uma reunião organizada pelo Anuário Brasileiro de Comunicação Corporativa da Megabrasil e ouviu, entre outros, o colega Alberto Prado, um craque, que diz que os clientes, em geral, só costumam contratar um consultor quando precisam resolver problemas e não como um conselheiro para o dia a dia, o que seria ideal. Ele diz que o consultor é como um pronto-socorro do setor de crises de comunicação. Afinal, temos em geral facilidade de resolver problemas imediatos, de produzir conteúdos diversos como discursos e palestras, de atuar em eleição em entidades de classe, entre outros inúmeros serviços.

Os participantes do encontro observaram que a consultoria é uma grife e o consultor, uma marca; ambos sobrevivem do trabalho e da reputação, portanto, devem zelar pela própria imagem, de um e de outro, e não apenas focar no cliente. Já é um bom começo.

101 reflexões para evitar que sua empresa entre em crise

6 Leitura da garotada

Revistas masculinas para jovens se dividem em duas fatias bem distintas: uma, dos esportes radicais como *skate*, *surf* e outras modalidades menos votadas, mas não menos representativas, como a aventura, a vida em contato com a natureza, *trekking*, trilha e escalada. A segunda fatia é a das revistas focadas nos garotos curiosos que buscam informações sobre todos os assuntos possíveis e imagináveis.

Um dia a direção da revista Exame percebeu que todas as edições que falavam diretamente com o leitor, apontando para ele e usando a palavra "você", vendiam mais do que as outras que vinham com perfis de grandes empresários, análises de mercado ou coisa parecida. Os editores da revista Superinteressante enxergaram o nicho e lançaram Mundo Estranho. Com pouco mais de cinco anos ela já chegou a 100 mil exemplares, com 50 mil assinaturas. Além de oferecer um *site*, um blogue e um Twitter eles conversam com os jovens em dias específicos sobre reportagens e assuntos focados na revista. É um bate e rebate das opiniões entre leitores e jornalistas ao vivo. A redação abre uma câmera para os garotos vê-los trabalhando em tempo real. A garotada adora dar palpites e meter a colher na revista, sentem que ajudam a fazer o produto que querem ler.

Revistas de *skates* chegam a circular com 148 páginas. A revista Fluir, por exemplo, foca no *surf* e acabou com o estigma de "coisa de preguiçoso ou drogado" e elevou-o a esporte. Os *sites* dessas revistas tentam ampliar os vínculos entre os leitores e o título e, para as editoras, criam a oportunidade de pacotes comerciais interessantes a ser explorados. Na internet tem 100 mil acessos diários e 15 milhões de visitas mensais.

As mídias das agências, infelizmente, ainda caminham com passos cautelosos nesse tipo de revista. É esse o mesmo pessoal que fala que ninguém escuta rádio, ninguém vê televisão de canais abertos, ninguém mais lê jornal, que imprensa escrita já era etc. etc. etc. Terão que repensar tudo diante dos fatos.

7 A Lição da rosa

Em uma de suas visitas ao Brasil, Domenico De Masi, professor da Universidade de Roma, deu inúmeros exemplos de vida, como sempre faz em palestras pelo mundo afora. Citou o magnífico Jorge Luis Borges e seu conto *A rosa de Paracelso*: Em direção ao final de sua longa vida, o velho Paracelso vivia isolado em uma casa no alto dos morros. Seu último grande desejo era finalmente encontrar um aluno inteligente a quem transferiria todo o seu saber. Um dia ouviu baterem à porta, correu para abrir e lá estava um belo jovem que lhe disse: "Eu vim de muito longe porque conheço a tua fama. Tu és um grande mago, um grande estudioso e eu, antes que tu morras, quero aprender tudo o que sabes, incluindo o segredo de transmutar as pedras em ouro. Em troca, te trouxe todas as minhas riquezas e toda a minha apaixonada vontade de aprender. Porém, para me demonstrares que vale a pena ser teu aluno, deves dar-me uma prova, por mínima que seja, do teu poder mágico".

Paracelso escarneceu dele. Disse-lhe que o paraíso existe e que é esta terra em que vivemos. Disse-lhe que existe também o inferno e que consiste no fato de não percebermos que vivemos em um paraíso. Ao jovem que insistia pretendendo uma prova sobrenatural e que lhe perguntava qual seria a meta da nossa viagem terrena respondeu, dizendo: "Cada passo é uma meta". O jovem, porém, insistiu ainda no pedido de um milagre e lhe sugeriu um aparentemente simples. Pegou uma rosa que despontava de um vaso e a atirou no fogo da lareira. "Se és um mago, não te custa nada fazer com que a rosa reviva!".

E, já que Paracelso insistia em dizer que não era capaz de semelhante milagre, o jovem recolheu as moedas que colocara sobre a mesa e foi embora. Só então Paracelso se inclinou sobre o fogo, recolheu as cinzas da flor queimada, deu-lhe um sopro e recolocou no vaso a rosa revivida.

Para os empresários, a lição é a mesma, ou seja, muitas vezes nos deparamos com algo palpável, outras vezes com coisas que aparentemente nem cremos que possam existir, mas que, no fundo, quem sabe?

Essa é, na visão de De Masi, a mais bela metáfora da dignidade pedagógica e que cabe como uma luva para nós, comunicadores: estar pronto a sacrificar até as satisfações e as vantagens da formação, desde que não se perca a própria dignidade. Belíssimo!

8 A lição da telenovela

Tradicionalmente, os brasileiros têm maior identidade com a comunicação oral e visual, consequência dos longos processos de alfabetização e da falta de estímulo à leitura. Por se tratar de um produto amplamente aceito pela sociedade, a telenovela mostra como a sociedade se organiza, quais seus valores e costumes. Por que não a considerar um instrumento de educação, vendo qual é a forma de tratamento da mensagem? A proposta é do professor Luis Fernando Ferreira de Araújo, doutor em Educação, Arte e História da Cultura (Mackenzie).

Ninguém pode ignorar a importância e o impacto dessa produção cultural como meio transformador da vida dos jovens e de nossa sociedade. O uso da telenovela em aulas poderia despertar maior interesse por parte dos estudantes. Há grande apelo nas telenovelas, notadamente quanto aos recursos visuais e tecnológicos. O uso da telenovela permitiria que os conteúdos chegassem de maneira muito mais familiar aos alunos. Os tempos mudaram e as linguagens também. A comunicação em sala de aula precisa ser aperfeiçoada. Os jovens, atualmente, estão muito mais familiarizados com os recursos tecnológicos; isso já está incorporado em sua linguagem.

Claro que o discurso pedagógico deve considerar a telenovela um diálogo crítico e, ao mesmo tempo, reconhecer as possibilidades operacionais que se abrem para a escola com o aprendizado sobre esse gênero televisivo. A telenovela é um meio de comunicação, um elemento de influência para a avaliação da história e dos personagens. Ela projeta no telespectador a fantasia e o imaginário.

A linguagem da telenovela é simples, despojada e concreta, possibilitando ao telespectador acompanhá-la sem maior esforço de entendimento. O ritmo é acelerado, baseia-se na ação, por isso é uma narrativa de ação. Pode contribuir com as construções de valores, autoconhecimento e com a aprendizagem por meio de uma investigação e crítica no sentido de como são desenvolvidas.

É preciso interagir com todos os meios de comunicação.

9 A linguagem da TV

Ao falar no Novo Acordo Ortográfico o nome do professor Evanildo Bechara sempre vinha à tona. Membro da Academia Brasileira de Letras desde o ano 2000, este pernambucano de 87 anos fez uma contundente análise da linguagem que se fala na TV brasileira. Em entrevista, a linguagem televisiva foi dissecada como deve ser. A seguir, alguns trechos.

"A televisão trouxe fatores importantes, como certa unificação, porque todos que veem e ouvem TV gostam de falar do modo que está sendo representado e isso sugere um movimento da imitação e da simplificação da linguagem, porque a pessoa procura dizer as coisas como a TV apresenta. Nós temos forte influência social desse veículo de comunicação, por isso mesmo ele precisa de maior cuidado dos seus locutores. Antigamente, quando um locutor se candidatava para trabalhar no rádio, passava por um curso para pronunciar corretamente as palavras. Preocupação que parece não existir hoje.

Temos os regionalismos, os usos específicos de cada região, mas existe na língua falada no Brasil uma unidade essencial, que na verdade é uma variedade que não prejudica a comunicação entre os moradores de diferentes regiões. Hoje, com os meios de comunicação mais difundidos, é mais difícil a fragmentação linguística. A facilidade de intercomunicação vai diminuindo a criação de variedades linguísticas, principalmente as resultantes dos dialetos. Esse fenômeno é positivo para a unidade da língua, mas não é uma camisa de força.

Como o homem pode enriquecer sua própria linguagem? Conhecendo a língua e todos os recursos de que ela dispõe. 'Mensalão', por exemplo, era usado pela Receita Federal quando você queria pagar uma dívida de uma vez só. Agora relacionam a palavra à falcatrua de políticos. A linguagem criativa surge com a chegada do novo".

Como se pode ver, ensinamento é o que não falta num bate-papo com o grande professor Evanildo Bechara.

10   A marca das empresas

Reina certa confusão entre o pessoal que trabalha em grandes empresas ao acharem que são elas as pessoas importantes, quando sabemos que nós simplesmente prestamos serviço. Apresentador de telejornalismo de maior audiência no horário resolveu bancar o pensador em seu Twitter. Postou o seguinte desafio: Seus seguidores são mesmo coisa de milhões? Ultrapassam cifras astronômicas simplesmente porque ele é genial ou há algo artificial por trás disso?

Penso sempre no colega Antonio Machado, que dizia não concordar com a assinatura das matérias da revista Veja, na qual ele era editor de Economia, porque de modo geral não havia nada que diferenciasse as matérias para merecer crédito. Na revista de maior circulação, como sabemos, os redatores escrevem como se fossem uma única pessoa. Seguem o padrão imposto e que as demais revistas semanais de informação copiaram. Por isso, o sábio Machado dizia que qualquer pessoa poderia escrever e que a outra pessoa nunca deveria assinar a reportagem, uma vez que tudo ali era exclusivo da revista.

O mesmo acontece com o telejornal de maior audiência no País. O astro que o apresenta não tem a mínima importância, tanto que pode ser substituído e ninguém notará a diferença, porque o que vigora mesmo é a marca da emissora, o que ela investiu, o tempo, a qualidade, a paciência e demais atributos que não convém nem mencionar. Mas o que o apresentador levou, ele não esperava. Uma de suas seguidoras lembrou que o rapaz encarava o brasileiro como o personagem de desenho Hommer Simpson, estressado, confuso, debiloide e imbecil. Ela pergunta: "Será que ele quer com isso comprovar sua tese na prática? Ele não estaria colocando em prática sua teoria estapafúrdia de que seu jornal é feito para pessoas de baixa qualificação intelectual?"

Sites de relacionamento têm disso, não sabemos nunca quem são nossos interlocutores. É um mundo imprevisível e totalmente desconhecido, verdadeiro mistério.

11 A monja

Uma tarde de fevereiro. Sala São Paulo. A cidade comemorava 80 anos do jornal Folha de São Paulo. Foram convidados para o evento os mais ilustres representantes da política, cultura e religiões. Monja Coen Sensei, missionária da tradição Soto Shu – Zen Budismo, com sede no Japão, primaz fundadora da Comunidade Zen Brasil/Templo Taizokan Tenzuizenji, com sede no bairro do Pacaembu, fez seu discurso. Lembro bem de suas palavras: "Na minha juventude fui jornalista e breves incursões na carreira permitiram contato com problemas diversos, amadurecendo em mim o desejo de ganhar o mundo. Hoje existe um buraco maior separando ricos e pobres neste país, que tem uma das piores distribuições de renda do mundo. É de vocês que estão aqui, representantes do povo, políticos e jornalistas, a responsabilidade de mudar esta situação. Portanto, é de vocês a tarefa de lutar por políticas públicas mais eficientes e por ações sociais que nos tirem desse isolamento".

Foi aplaudida de pé. Depois, houve convite para escrever em um dos jornais do Grupo Folha.

A monja vive em um templo no bairro de Pinheiros, onde pratica o zen budismo. Seus compromissos são viajar pelo Brasil e exterior, participar de eventos e reuniões que envolvam questões sociais, especialmente a cultura de valor que preserve a paz. E foi contemplada com um romance biográfico de Neusa C. Streiner, formada em Medicina com especialização em Psiquiatria e Psicologia: *Monja Coen – a mulher nos Jardins de Buda*, da Mescla Editorial.

Cabeça raspada a faz confundir com alguém que teve enfermidade grave ou vítima de doença misteriosa. Nada disso. As vestes monásticas fazem dela uma figura ímpar. Na juventude conheceu a redação de jornal na qual em sua lembrança "havia um romantismo no ar", diferente de hoje. Profissionais experientes e competentes a atraiam e faziam com que ela se sentisse bem. Mas eram os anos 1970. Não deu para ficar por aqui. Na fase do Tropicalismo foi para a Suécia, depois Flórida, onde, além do existencialismo, havia a tríade seguida não necessariamente nessa ordem: sexo, droga e *rock-and-roll*.

Vieram os anos 1980. A monja foi para o Zen Center em Los Angeles. Quem a recebeu foi um japonês vestido de branco com sandália de madeira. Depois, foi ao Japão, onde entrou no mosteiro e daí em diante foi uma toada incessante de sinos e tambores. E a busca permanente da paz.

As empresas têm de focar nisso, na busca incessante da paz, mesmo que no momento elas enfrentem uma crise, que aparentemente se mostra insolúvel. Fiquem certos de que para tudo existe um fim.

101 reflexões para evitar que sua empresa entre em crise

12 A cara do *lobby*

Lobby é nada mais, nada menos, que a defesa dos interesses. Sempre atrelados a práticas escusas feitas por debaixo dos panos da política nacional, lobistas são ligados a escândalos de corrupção, desvio de dinheiro e defesa de interesses de um grupo ou de outro. Há inúmeros projetos de lei em andamento no Congresso para que se torne uma profissão regulamentada.

Wagner Pralon Mancuso, professor da USP, em entrevista à revista Imprensa, diz que o *lobby* é em síntese a defesa dos interesses: "Há um desequilíbrio da imprensa em dar mais ênfase para o lado negativo. O *lobby* acontece em diversos lugares, Legislativo, Executivo e Judiciário. Há setores em que ele ganha pouca atenção. As comissões do Congresso são pouco acompanhadas pela imprensa. É justamente um espaço onde ocorrem grandes conflitos de interesses e que se torna um espaço importante de atuação do *lobby*. A imprensa procura escândalos, esquece que seu papel não é só denunciar, mas também esclarecer".

Existem vários tipos de lobistas. Tem o profissional que atua e é empregado de uma organização, sindicato, ONG ou associação. Dentro desse grupo estão os contratados e os *freelancers*, para executar tarefas. Há os voluntários, que trabalham por uma causa, como artistas e líderes religiosos: "Lobista é fonte de informação. Como um congressista é uma pessoa com informações limitadas, quando tem de decidir falar sobre questões diferentes o lobista é importante como fonte de informação para o tomador de decisão. É importante também como fonte para a opinião pública. Ele pode, ao mesmo tempo, defender seu próprio interesse. Ao fazer isso, ele pode tornar o sistema mais democrático. Ele ajuda no debate sobre questões públicas". Ao *lobby*, portanto.

13 A dona de casa

Sem consideração pelo trabalho, apesar da enorme responsabilidade e exaustão física e mental características do tipo de serviço exercido, pelo menos 50 milhões de brasileiros não viram sinal de mudança a caminho e pelo menos metade tomou uma providência: foi à luta. Entraram para o mercado formal de trabalho e assumiram uma jornada dupla em busca de remuneração. No mundo das donas de casa falta pagamento e valorização, o que não é novidade. Mas, de repente, o estereótipo de dona de casa dedicada à casa e aos filhos ficou ultrapassado.

Objeto de estudo, a nova mulher chamou a atenção da revista Imprensa, que entrevistou Yara Apparício, diretora de mídia na McCann-Erickson: "Cada vez mais mulheres evitam declarar-se 'do lar'. Elas se sentem inibidas, respondem meio que pedindo desculpas, numa voz tímida".

"As donas de casa estão sobrecarregadas, estressadas. Porque além de fazerem tudo, ainda tem o aspecto feminino, a vaidade. Todas querem ser bonitas, querem reconhecimento. Afinal, são mulheres. A comunicação viu um prato cheio entre a distância entre as aspirações e a menos-valia social. As marcas passaram a explorar a correria, a multiplicidade de papéis e a ausência de valorização da mulher. Notaram, por exemplo, que a mulher é sensível a temas como sustentabilidade, preservação do ambiente e qualidade de vida, porque isso é exatamente o que elas não têm".

Uma passada de olhos no mercado do Nordeste fez com que Yara notasse que as marcas realmente importam. Os preços dos produtos são sempre debatidos entre esses consumidores. A tecnologia é o que agora faz a diferença. Donas de casa da Bahia, Goiás, Minas e Rio Grande do Sul lançaram um portal que é uma verdadeira praça pública digital onde se fala sobre produtos, preço, qualidade de serviços e as agruras do mau atendimento. E com um detalhe importante: elas não vendem seus espaços publicitários de jeito nenhum.

Há, realmente, algo de novo no mundo das antigamente chamadas donas de casa.

101 reflexões para evitar que sua empresa entre em crise

14 A nova economia

Muitas empresas falam que implantam as políticas sustentáveis, mas não o fazem. Outras buscam se reeducar e mudar. A principal pergunta que os jornalistas têm a fazer é: Qual mudança foi feita? Se não há mudança nenhuma, é tudo invenção, discurso. Isso vale para todas. Grandes, médias ou pequenas. Mudar é difícil para quem já está no mercado e para quem está começando. Requer proatividade, nova visão, conhecimento, ousadia de investimentos e vontade de liderança, porque tem empresas que ficam no papel de seguidora, aguardando as iniciativas dos outros para agir. Talvez, para quem já tem sucesso, lucro e continua crescendo, haja certa resistência. No entanto, essa empresa tem risco de mercado e reputação, porque a sociedade está percebendo a importância dessa mudança. O mercado está mudando e vai mudar mais.

Nas palavras de Paulo Itacarambi, do Instituto Ethos, mudanças são fundamentais nos processos de produção, na economia, na cultura e na política. A economia precisa ser verde, includente e responsável. É preciso reduzir impactos ambientais, manter práticas sustentáveis, incluir as pessoas, envolver a comunidade, erradicar a miséria e ter uma base ética forte, em que as organizações atuem com integridade e transparência.

Ter responsabilidade social é ser responsável pelos impactos das suas atividades na sociedade. Uma organização que não cuida desses impactos, que não verifica, não mede, não muda de verdade. Implantar políticas de sustentabilidade é uma atitude de responsabilidade social.

Precisamos saber como construir a nova economia.

15 A opinião pública

Há uma nova esfera pública, ou seja, a internet alterou o ecossistema comunicacional a ponto de criar novas possibilidades para a opinião pública? Claro que, com a expansão da interatividade nas redes digitais, os indivíduos passaram a fazer mais por eles mesmos. As pessoas podem desde buscar informações e obter serviços *online* até disputar com a grande imprensa a transformação de um relato em uma notícia capaz de atingir milhões de pessoas.

Além disso, ações coletivas em rede somam milhares de pequenas comunidades que desenvolvem programas de computação livres, muitas vezes reunindo pessoas de mais de um continente. O professor Sérgio Amadeu, da Universidade Federal do ABC (UFABC), lembra que a chamada Primavera Árabe, a enorme onda de protestos democratizantes que varreu ditaduras no norte da África, em 2011, foi convocada por pessoas comuns nas redes sociais. Isso não quer dizer que elas se convenceram pelo Facebook ou pelo Twitter de que deveriam ir para as praças enfrentar a repressão. Mas significa que, sem as redes, pessoas comuns não poderiam falar para tantos outros que pensavam como elas de maneira tão ampla.

O especialista afirma que a internet inverteu o ecossistema comunicacional: "O difícil não é falar, agora o grande problema é ser ouvido. Quando alguém fala algo que todos queriam ouvir, uma onda imediatamente se forma no oceano informacional e pode gerar ações concretas nas ruas, nos mercados e nas bolsas de valores. É preciso também notar que a internet é uma rede de arquitetura distribuída, por isso sua natureza é mais propícia às ações democratizadoras, livres e favoráveis ao compartilhamento do que às posturas que visam simplesmente à dominação, ao controle autoritário e ao impedimento da troca de arquivos digitais. A nova opinião pública não terá uma única coloração ideológica, mas será construída de forma mais livre que em um mundo dominado por poucas corporações de conteúdo comunicacional".

Como podemos ver, vivemos em um maravilhoso – porém nem tanto, por ser assustador – mundo novo.

101 reflexões para evitar que sua empresa entre em crise

16 A voz dos especialistas

Grupo de especialistas elaborou o que chamam de Diretrizes Curriculares para o curso de jornalismo, a pedido do ministro da Educação, e prevê a organização do currículo em três eixos temáticos: mais equilíbrio entre teoria e pratica, implantação do estágio supervisionado e aumento da carga horária. As propostas precisam passar pelo aval do Conselho Nacional de Educação, órgão responsável por revisar as diretrizes de cursos. O que se quer é fomentar debates para se construir um curso de jornalismo que forme profissionais competentes do ponto de vista acadêmico e do exercício da profissão. E isso num contexto em que a credibilidade do curso ficou abalada após decisão do Supremo Tribunal Federal pela não obrigatoriedade do diploma para o exercício profissional.

O documento elaborado por especialistas é resultado de três consultas públicas realizadas no Rio de Janeiro, em Pernambuco e em São Paulo. A repórter Marta Avancini ouviu o veterano professor José Marques de Melo, que presidiu a comissão, para saber das ideias apresentadas no documento. A expectativa é de que, no formato recomendado, os cursos ofertem uma boa formação humanística e conceitual e, ao mesmo tempo, deem conta das especificidades do ofício jornalístico.

Com a intenção de fortalecer a identidade do jornalismo a Comissão está propondo a desvinculação do curso de jornalismo do curso de comunicação, tendência que deverá ser replicada nos demais cursos que integram a área de comunicações, deixando de ser habilitações para conviver de maneira autônoma nas faculdades de comunicação.

É bom que se saiba que, no mundo empresarial, as oscilações são frequentes. Afinal de contas, todos trabalham com algo vivo e em constante transformação, a vida. O assunto, como se vê, vai longe.

17 África, adeus

Sérgio Ferreira, o tradutor do presidente Luiz Inácio Lula da Silva, é um velho conhecido seu da época do sindicalismo, e a pessoa que talvez melhor conheça o linguajar informal do chefe. Trabalhou com ele no Partido dos Trabalhadores e foi transportado para o Palácio do Planalto com a função de traduzir suas palavras para o inglês. Acontece que Lula fala rápido, não tem paciência para esperar a tradução simultânea e em Gana traduzir "companheiro" é um problema: primeiro virou "colleague" e depois (pasmem) "brother". Ferreira releva os puxões de orelha que leva. Como quando o presidente disse que esperava que uma revolução agrícola beneficiasse a África e Gana, mas o tradutor referiu-se somente à África. "Gana!" – reforçou Lula, impaciente.

Pior veio à frente, quando Lula disse que tinha vindo para uma reunião da Unctad, que começaria no dia seguinte, só porque é em Gana. O tradutor entendeu "engana" e congelou. O presidente o fuzilou com o olhar, mas, constrangido, pediu explicações: "Estou dizendo que a reunião é em Gana" – insistiu Lula. Este episódio é um dos inúmeros casos cobertos e narrados pelo repórter Fábio Zanini no livro *Pé na África – uma aventura do sul ao norte do continente*, da Publifolha.

Ele conheceu a África ainda em 2003 ao iniciar mestrado na Soas, Escola de Estudos Orientais e Africanos da Universidade de Londres. Cinco anos depois, por quatro meses e meio e com 20 quilos nas costas ele percorreu 30 cidades em 13 países: África do Sul, Zimbábue, Zâmbia, Gana, Tanzânia, Ruanda, Congo, Uganda, Quênia, Etiópia, Somália, Egito e Djibuti.

Foi uma rotina desgastante, um fazer e desfazer mochilas, procurar hotéis, enfrentar imprevistos, caçar boas histórias e passar por rotina extenuante. Um povo pobre em uma das regiões mais belas do planeta, onde curiosamente falta tudo. Mas é um continente que um entrevistado resume: lá há petróleo e muita corrupção.

Para o mundo empresarial só importa o produto em si, a existência de corrupção é algo que pode ser deixado de lado, certo? Errado. Corrupção pode atrapalhar os negócios, e como pode. Melhor evitar.

101 reflexões para evitar que sua empresa entre em crise

18   Agências sociais de notícias

Cresce a olhos vistos o chamado terceiro setor brasileiro. O Instituto de Pesquisa Econômica Aplicada (Ipea) e o Instituto Brasileiro de Geografia e Estatística (IBGE) registram 276 mil fundações e associações em 2002, último dado disponível: Um crescimento de 1,155% se comparado com 1990, quando havia 22 mil instituições em atividade. Diversas entidades criaram projetos de comunicação para estarem mais presentes na sociedade. Acontece que as Organizações Não Governamentais (ONGs) acreditavam inicialmente que a mídia era sensacionalista e que os veículos não ligavam para elas, que, entretanto, não possuíam um plano para fornecer informações. Hoje, aos poucos, as redações perceberam a importância deste canal como descreve a revista Imprensa: "Uma mão à comunicação".

Jornalistas procuram as agências sociais de notícias para ter uma indicação de fontes ou esclarecer determinado assunto. Silvana Andrade, fundadora da Agência de Notícias de Direitos Animais (Anda), sempre desenvolveu trabalhos voluntários mesmo quando esteve desempregada. Um dia leu reportagem que abordava sem viés crítico a utilização de animais em experimentações. Ligou para a redação a fim de saber se só reproduziriam a fala dos cientistas, e se publicariam o outro lado: "Ele me perguntou: Existe o outro lado?". A partir deste episódio ela notou que existe uma legislação e pessoas que podem falar em favor dos animais. Assim nasceu a Anda, que tem 12 voluntários e 35 colunistas. Hoje a Anda fala com jornalistas e com a sociedade em geral visando ser fonte direta e contribuir para a imprensa, promovendo oficinas, cursos e debates, com cerca de 250 mil visitas diárias.

A Agência de Notícias dos Direitos da Infância (Andi) contabilizou 10,7 mil matérias sobre questões da infância em 1996; já em 2004, este número chegou a 140 mil matérias. O que prova que jornalistas e consumidores de informações sabem separar as entidades realmente sérias daquelas meramente promocionais.

19 Água e mídia

As reservas de água do Brasil equivalem a 12% da disponibilidade de todo o planeta. O Banco Mundial avalia que até 2030 a demanda global por água vai ultrapassar a oferta em 30%. Conflitos como os que ocorrem no Iêmen, Paquistão, China, Índia, Namíbia e Botsuana serão cada vez mais frequentes. Ao cenário geopolítico somam-se ainda os problemas ambientais como poluição de rios e mares, e aquecimento global.

A cofundadora do Projeto Blue Planet, Maude Barlow, disse à revista Imprensa que é possível amenizar o esgotamento da água por meio da preservação de bacias hidrográficas declarando-as como bem público e direito humano. Alerta, no entanto, que só é possível manter vivas as reservas disponíveis em solo brasileiro caso seja desenvolvida uma gestão responsável.

Para o editor da revista Planeta, Eduardo Araia, a mídia contribui para o processo de preservação da água quando age com critérios: "Nas matérias recentes de chuva em São Paulo o entrevistado falava que, com os reservatórios cheios, não corremos riscos de abastecimento nos próximos dois anos. Isso é correto, mas sem uma abordagem mais abrangente, o leitor pode pensar que estamos com fartura".

A Amazônia possui 74% da disponibilidade de água brasileira, mas é habitada por menos de 5% da população. No Nordeste a seca impera. Já a região metropolitana de São Paulo, maior consumidora do País com 2,4 bilhões de litros por dia, grande parte das indústrias utiliza o processo de reúso. Os desafios de crescer economicamente e de forma sustentável devem ser cada vez mais levados em consideração. Como o País é um dos maiores consumidores de agrotóxico do mundo, a consequência da má utilização pode resultar em rios poluídos e na contaminação das nascentes e águas subterrâneas. Somam-se a isso os interesses corporativos em privatizar as fontes do País, que são um bem público. A mídia tem de ficar alerta o tempo todo para que isso não aconteça.

Como se pode constatar, trata-se de uma tarefa urgente, por isso cada vez mais a questão da sustentabilidade deve ser considerada pelos empreendedores para evitar que possa haver prejuízo tanto financeiro quanto socioambiental.

20 Água mole em pedra dura

A sabedoria popular reza que "água mole em pedra dura tanto bate até que fura". Colegas de assessorias têm batido na mesma tecla, a de que está cada vez mais difícil o relacionamento com as redações. Os manuais já deixaram de lado a recomendação de os repórteres se afastarem dos assessores, vistos como lobistas, pessoas perniciosas, que trazem o mal estampado em seus rostos, em seus gestos, em cada telefonema, em cada troca de *e-mail*. Mas o estrago já foi feito.

Nas redes sociais, colegas têm transcrito literalmente a conversa entre os chamados dois lados do balcão. O assessor liga para a redação e ouve o clássico "estou em horário de fechamento", "estou numa reunião de pauta", tudo para completar a frase "liga mais tarde", ou então o "me passa um *e-mail*". O pior é que o assessor insiste, apela para o celular, tenta contra-argumentar, apresenta uma tentativa de conversa, mas tudo em vão. Parece aquele papo de conquistador que percebe sua presa escapando e conclui que não tem sucesso mesmo porque navega em ambiente novo – e hostil.

Vamos nos colocar no papel do repórter que está em redação com pelo menos dez pautas diárias a serem cumpridas. Vem um colega de assessoria com assunto que em sua prioridade ficou bem atrás, digamos, em oitavo lugar. Dá para inverter? Em tese sim, mas na prática a coisa funciona de outro jeito, afinal cada um tem seu modo de trabalhar, sua rotina a cumprir, suas obrigações, o *deadline* que a todos esmaga.

Do lado do assessor não há muito o que acrescentar, já que ele reclamou, tentou e ainda não conseguiu manter um relacionamento, digamos, razoável com o colega do outro lado da linha. Uma coisa ele vai ter que botar na cabeça se quiser ter sucesso: terá de apresentar uma boa pauta para despertar interesse. Não basta ter boa vontade, é preciso ir além. E isso só a rotina fará a correção de rota, com muita percepção, sensibilidade e autocrítica, ter consciência do que é bom e saber o que é apenas razoável. E já que começamos com frase popular, vamos terminar na mesma linha: O colega terá de ver, no fundo, se não está vendendo gato por lebre.

21 Autópsia de um jornal

Há duas formas de conviver com o obscurantismo: ou você tolera sua presença ou o enfrenta para que ele desapareça para sempre. Com a miséria é a mesma coisa, há meios de comunicação que vivem, que se alimentam dela e há também aqueles que ajudam a exterminá-la. O jornal Notícias Populares (1963-2001) nasceu para se contrapor ao Última Hora, historicamente ligado a Getúlio Vargas. Da União Democrática Nacional (UDN), a que se ligou por meio dos donos da Gazeta Mercantil, passou para o Grupo Folha.

Faz parte do folclore jornalístico a manchete "Violada no palco", um episódio que só aconteceu na imaginação: um cantor se apresentava em um dos famosos festivais da canção, foi vaiado e atirou seu violão no público. Uma moça teria sido a vítima. Essa manchete, no entanto, nunca aconteceu, constatam Celso de Campos Jr., Denis Moreira, Giancarlo Lepiani e Maik Rene Lima no livro *Nada mais que a verdade* da Editora Summus.

O bebê-diabo foi uma invenção para vender jornal e ocupou exatos 27 dias de manchete. Era um menino que teria nascido com chifres e rabos em São Bernardo, no ABC paulista, em 1975, plena ditadura militar. "Psicóloga pega na marra e violenta o indigente" foi outra manchete espetacular, em 1984. "Mulher dá à luz uma tartaruga", era outra. "Elas mostraram de tudo no carnaval". E assim sucessivamente no jornal que, dizia-se, bastava espremer para sair sangue. Acontece que o Grupo Folha já tinha outro veículo na linha popular, o Folha da Tarde, que passaria a se chamar Agora, que todo dia vai para as bancas e dá ênfase a problemas dos aposentados. Estava chegando a hora do fim.

Houve inúmeras trocas de editores, mesmo assim o jornal passou a ser um incômodo para a família detentora do título de jornal popularesco. Armários e arquivos do NP acabaram no subsolo onde havia rotativas abandonas há décadas. Era um cadáver insepulto que precisava somente descansar em paz.

Levado para a empresa em geral, que não a jornalística, a lição que fica deste episódio é que quando algo está no fim, melhor é parar logo, sem choro nem vela. E levar a vida para a frente, rumo ao futuro.

101 reflexões para evitar que sua empresa entre em crise

22 Arquitetura e informação

Um belo assunto para as editorias de cidades: as metrópoles vivem desafios proporcionais ao tamanho que possuem, tanto que o tema motivou a organização da Expo Shangai 2010 na China. O que se quer é discutir e propor soluções para os problemas das grandes cidades, entre eles mobilidade, segurança, poluição e moradia. As diversas soluções propostas dão destaque aos projetos arquitetônicos. A arquitetura representa, afinal, uma das melhores possibilidades de desenvolvimento sustentável do ambiente urbano.

O arquiteto Décio Tozzi, formado pelo Mackenzie, mestre em estruturas ambientais e ganhador de vários prêmios internacionais, conversou com a revista Imprensa. Reclama que a cobertura sobre arquitetura é muito tímida, um sonho dos profissionais de que os jornais deem mais espaço ao tema em suas colunas e cadernos. Marcos de Vasconcelos foi um belo exemplo no extinto Jornal do Brasil.

Arquitetura pode ser discutida não só como arte, mas também como ferramenta de contribuição social e cultural. Existe muitas vezes uma associação da arquitetura com o luxo, e a mídia tem grande responsabilidade nisso, aponta o renomado profissional: "Essa questão de associar luxo à arquitetura também tem a ver com a história do País, de dominação de uma classe sobre as mais pobres. Em tempos coloniais a arquitetura era privilégio das elites brasileiras, com encomendas de palácios e grandes casas luxuosas".

As cidades um dia foram cheias de verde e vegetação. Com o aumento dos prédios isso mudou: "Desde 1964 a arquitetura se distanciou da relação com a sociedade, instaurou-se numa sociedade de consumo e o que passou a reger o mercado imobiliário foi a venda de *status*. Qualquer prédio em qualquer lugar era interessante, se parecido com mansões. No fundo esse produto de consumo chamado *status* era uma ilusão".

Atualmente, ressalta, já vemos uma mudança e a arquitetura volta a se aproximar de grandes alternativas para os cidadãos. Cabe a cada um de nós fazer suas escolhas.

23 Arquivos vivos

A Lei de Acesso à Informação em tramitação no Senado, cujo texto foi aprovado pela Câmara dos Deputados, limita a uma única vez a possibilidade de renovação do prazo do sigilo. Se aprovado, os documentos "ultrassecretos" seriam divulgados em, no máximo, 50 anos. Para o diretor-geral do Arquivo Nacional, professor Jaime Antunes da Silva, "a lei vai facilitar o acesso à informação corrente produzida pelo Estado, mas também surtirá reflexos em documentos já recolhidos em algumas instituições e que, pela regulamentação vigente, têm uma série de dificuldades para serem acessados mais universalmente".

Silva diz que há expectativas de que o Brasil faça parte do rol de países democráticos que têm uma lei de acesso à informação: "Outros países menores da América Latina já têm uma lei para o tema, e o Brasil, um país deste tamanho, com desenvolvimento arquivístico que ombreia com países mais desenvolvidos nesta área, não tem? Estamos na expectativa de que isso esteja com os dias contados, para que o cidadão tenha acesso à informação pública, aos projetos públicos, às ações de governo e aos gastos".

Silva afirmou que isso afeta a vida do jornalismo investigativo, porque é preciso que a matéria seja regulamentada dizendo que a obrigação do Estado é zelar pela informação e disponibilizá-la para que o público em geral tenha acesso.

Outra questão em jogo é que os documentos produzidos pelas Forças Armadas não foram recolhidos ao Arquivo Nacional, apenas uma pequena leva produzida pelo Sistema de Informação da Aeronáutica. Do sistema de informação do Exército, da Marinha e da Aeronáutica só foi recolhido um pequeno conjunto, os demais, não. Há um clamor por parte de familiares de mortos e desaparecidos para que esses documentos sejam transferidos para instituição arquivística pública. Assim, isso pode descortinar uma série de dados relativos a esse período que os documentos já liberados não contêm.

Na iniciativa privada, é comum o segredo como prática, mas no setor público a regra é outra, a informação tem de ser disponibilizada para os contribuintes. O tempo urge.

101 reflexões para evitar que sua empresa entre em crise

24 Arrependimentos terminais

Quais são os cinco maiores arrependimentos de pacientes terminais? Recentemente lançado nos Estados Unidos, o livro *The top five regrets of a dying*, algo como *Os cinco principais arrependimentos de pacientes terminais*, escrito por Bonnie Ware, uma enfermeira especializada em cuidar de pessoas próximas à morte, mereceu comentário no *site* do Albert Einstein Sociedade Beneficente Israelita Brasileira.

Queixa número um: "Gostaria de ter tido coragem de viver uma vida fiel a mim mesmo, e não a vida que os outros esperavam de mim". Frase mais ouvida em seguida, classificada como a de número dois: "Gostaria de não ter trabalhado tanto". Em terceiro lugar: "Gostaria de ter tido coragem de expressar meus sentimentos". Veio em quarto lugar a seguinte frase: "Gostaria de ter mantido contato com meus amigos". E, finalmente, em quinto lugar a queixa foi: "Gostaria de ter me deixado ser mais feliz".

Uma médica geriatra foi encarregada pela direção do hospital de decodificar cada um dos cinco itens anotados pela astuta e sensível enfermeira americana. Um trabalho a meu ver desnecessário, dado os pontos de vista apresentados que, pensando bem, não diferem em nada da rotina vivida no dia a dia pelo assessor e por todos aqueles que trabalham e vivem da/para a comunicação.

Há alguma saída? Alguém poderá perguntar, e respondo com a urgência que o caso requer: definitivamente sim, abra a porta, o sol está lá fora, vá – antes que seja tarde.

25 As abelhas e os sinais

Os sinais de telefones celulares estão matando as abelhas. Sempre que há uma chamada, as abelhas ficam desorientadas. Quem descobriu foi Daniel Favre, pesquisador do Instituto Federal de Tecnologia da Suíça.

A equipe do estudioso descobriu que, enquanto o celular realiza ou recebe uma chamada, as abelhas produzem zumbidos, com suas asas, de até dez vezes mais ruído do que em condições normais. Esse comportamento é habitualmente utilizado por uma colônia como sinal de alarme para abandono da colmeia. Quando o zumbido é dirigido por um celular e não por causa natural, a colônia se desorienta por não saber o que ocorre nem para onde ir, pois os integrantes emitem zumbidos que seriam para alertar que algo está errado, há alguma coisa fora da ordem na colônia.

Há ainda outros tipos de ataques às abelhas com efeito devastador, como o uso de pesticidas. O desaparecimento das abelhas é algo a ser lamentado, pois elas são responsáveis pela polinização de pelo menos 70% das culturas básicas que fazem parte da dieta dos homens e dos animais.

A informação foi divulgada pela agência Anda, da jornalista Silvana Andrade, que entende que a imprensa não apenas informa, ela forma conceitos, modifica ideias, influencia decisões, define valores, participa das grandes mudanças sociais e políticas. Ela traz informação para o indivíduo pensar, agir e ser exatamente quando noticia dados interessantes como esta batalha das abelhas e o complicador dos sinais de celulares, que fazem parte da vida de todos nós.

101 reflexões para evitar que sua empresa entre em crise

26 As boias-frias

Elas eram chamadas de boias-frias porque comiam suas marmitas do jeito que dava, no meio dos canaviais, onde sempre foi um perigo acender fogo. Viraram teses de professores universitários. As condições de trabalho melhoraram para os cortadores manuais de cana, e elas sumiram do noticiário – o que é um bom sinal. A assistente social Vânia Cláudia Spoti Caran foi a campo e viu que as boias-frias ainda vivem várias situações de sofrimento decorrentes de sua vida e ofício. Em tese de doutorado na Escola de Enfermagem de Ribeirão Preto, ela resume as principais questões, que abrangem a violência doméstica, dificuldades para criar os filhos e as más condições de trabalho.

As trabalhadoras têm de estar no canavial às sete da manhã, hora em que as creches abrem. Ou deixam os filhos com alguém – o que custa dinheiro – ou não têm onde deixar os filhos. Tem mulher que dá o filho por não ter condição de criar. As mulheres ouvidas pela pesquisadora vieram de estados nordestinos ou de Minas Gerais. Começaram a trabalhar na agricultura cedo. Desde 2014 está proibido queimar a cana antes de cortá-la. Nessa situação elas terão de lidar com animais peçonhentos na plantação, um perigo a mais para esse tipo de trabalho. Elas ganham por produção, ou seja, quanto mais cana cortar, maior a renda.

Como a maioria das trabalhadoras hoje, elas cumprem dupla jornada, pois além de enfrentar situações difíceis no trabalho realizam afazeres domésticos em casa, e muitas vezes sofrem violência de seus companheiros. A espiritualidade também foi um traço marcante na vida dessas moças, por terem de conviver muito cedo com a morte. Seu maior sonho é ter casa própria e ver seus filhos estudarem.

Essa tese da professora Vânia pode render uma boa reportagem, pois como se vê, assim como na vida das empresas, as coisas mudam a toda hora, tomam outros ares.

27 Assédio moral

Pesquisa do sindicato dos jornalistas profissionais do estado de São Paulo apontou que 56% dos homens e 39% de mulheres já sofreram assédio moral em seu local de trabalho. Violência psicológica, constrangimento e humilhação, o assédio moral é cada vez mais frequente entre jornalistas também no mundo. A Organização Internacional do Trabalho (OIT) detectou que 12 milhões de trabalhadores na União Europeia já viveram, no trabalho, situações humilhantes que acarretaram distúrbios de saúde mental.

Um processo que aguarda julgamento em última instância em Brasília é um dos casos contados no jornal Unidade. O jornalista João Pascale viveu os últimos anos com a ajuda de amigos e familiares e do benefício do INSS. Há 15 anos ele trabalhava na Federação Espírita, onde cumpria extensas jornadas e acumulava várias funções nas duas publicações. Houve uma mudança na diretoria da entidade e sua vida profissional foi "aniquilada", conforme suas palavras. Foi submetido a grandes humilhações para que pedisse demissão. Uma moça nomeada sua superior hierárquica cortava tudo e fazia comentários horríveis a cada linha apresentada. Ele teve problemas no intestino e na próstata: "Para mim, o mais impressionante foi sofrer tais abusos de uma federação espírita que empunhou em uma mão o evangelho e, na outra, o chicote".

Mesmo assim, Pascale não acredita que todos os patrões ou chefes sejam carrascos: "Acho que é uma questão de caráter. A maldade é inerente a algumas pessoas, e as que se prestam a este papel são sádicas e sabem escolher suas vítimas".

28 Ativistas de um novo tipo

Por vivermos em uma época de transformações profundas e aceleradas, em que a política perde algumas de suas referências tradicionais e adquire outras novas, em que grupos, classes e instituições parecem não mais estruturar e agregar os indivíduos, ainda é possível falar em militância política? É o que pergunta o professor Marco Aurélio Nogueira, da Universidade Estadual Paulista em entrevista à revista É.

O novo ativismo pode ser uma importante alavanca de construção do futuro. Será isso, no entanto, na medida em que considerar o conjunto da experiência social e convergir para a reforma democrática da sociedade, do Estado e da política, reflete Nogueira. Se tentar evoluir solitariamente, fechado em suas causas específicas e na busca de autoexpressão, só produzirá ruído e efervescência, perdendo em termos de efetividade.

A necessidade dessa articulação está posta pela vida, acrescenta. Afinal, o social que se fragmenta não desaparece como social. A dimensão coletiva da existência não se dissolve só porque a individualização se expande. Ainda continua a ser fundamental combinar ações e promover convergências. Além disso, os conflitos de classe permanecem mesmo que as classes não possam ser atores políticos no sentido próprio do termo.

As estruturas de poder, ainda que tenham enfraquecidos alguns de seus fluxos, preservam sua capacidade de emitir ordens, pressionar e coagir. Os novos ativistas mostrarão a que vieram se conseguirem pensar a realidade como um todo, fazendo as conexões e articulações necessárias para traduzi-la em termos políticos.

É, em outras palavras, ver para crer.

29 Autorregulação da imprensa

A autorregulação é um conjunto de normas e procedimentos, criada por entidades privadas para fiscalizar o cumprimento dos deveres legais e dos padrões éticos nas operações de seus próprios associados. E a autorregulamentação como ação ou resultado de impor um regulamento a si mesmo, estabelecendo as próprias regras.

Laís de Castro optou pelo termo autorregulação, necessária desde que a Lei de Imprensa foi declarada inconstitucional pelo Supremo Tribunal Federal, ou seja, não existe nada que regule a atividade de escrever notícias para os 200 milhões de brasileiros. Só que existe um anseio popular para impor limites ao chamado poder midiático, que encontra eco em forças políticas. Ao procurar vários jornalistas, o que se viu foi uma verdadeira debandada, o pessoal fugiu do assunto como o Diabo da cruz.

Alberto Dines afirmou que a autorregulação da imprensa – ou, se quiserem, o contrapoder ao poder da imprensa – não poderia dispensar a participação comunitária, como profetizou Walter Lippmann há 90 anos.

Eugenio Bucci disse que a autorregulação buscada é aquela em que cada veículo, isoladamente ou por empresa, ou por tipo ou mesmo por entidades representativas, explicite suas normas de conduta e se comprometa, perante seu público e suas fontes, a cumpri-las. Que vantagens isso traz para a sociedade? A vantagem das regras claras: "A autorregulação se traduz em códigos de ética que, além de servir de orientação para profissionais, servem também como consolidação de direitos dos públicos e das fontes, que podem fazer reclamações com base nelas. Isso seria um fator civilizador para a imprensa brasileira".

Mino Carta pergunta: "Quem vai fazer a autorregulação, o Civita, o Frias, o Mesquita ou os Marinho? Deveríamos sim, fazer como os países europeus: os donos de jornal não podem ser diretores, pois o lugar de diretor é do profissional, do jornalista. Aí, sim, haveria algum tipo de coerência na autorregulação".

Guto Camargo, presidente do Sindicato dos Jornalistas do Estado de São Paulo nota que a autorregulação é uma medida tomada pela indústria para evitar que o Estado intervenha no setor, ou seja, "vamos fazer do nosso jeito antes que o Estado faça do jeito dele".

Assim como há normas em qualquer empresa, está faltando algo essencial para nossa combalida imprensa. Mãos à obra, portanto.

30   Aventura submarina

Vamos imaginar uma volta ao passado. Histórias de um período importante da navegação costeira no Brasil. Da época do descobrimento até hoje ocorreram mais de 2 mil naufrágios no litoral brasileiro. Um relato minucioso de 35 dos mais expressivos desses naufrágios é contado pelo jornalista José Carlos Silvares no livro *Naufrágios do Brasil – uma cultura submersa*.

Houve ações criminosas de disparos de torpedos contra alvos humanos. Houve perda de vidas, de sonhos e de esperanças irrealizadas. Mas tudo isso passa distante de quem certamente conhece a costa marítima de Recife e Olinda, um paraíso para mergulhadores, pois há um conjunto de náufragos, identificados ou não, onde hoje habitam diversas espécies de peixes, moluscos e corais. Dois vapores do século XIX são a alegria dos mergulhadores que, curiosamente, mantêm suas estruturas com conjunto completo de rodas de pás que fez a propulsão dos motores, aqueles que substituíram os antigos veleiros. Esses vapores eram o transporte coletivo da época, dada a precariedade das nossas estradas.

O navio Tocantins naufragou perto da Ilha das Cobras depois de 32 anos de serviços prestados à navegação marítima. Não se recomenda uma tentativa de salvação nem uma simples volta pela Ilha da Queimada Grande com 300 mil m^2 e uma cobertura de Mata Atlântica, pois ali vivem as serpentes assassinas venenosas que se autorreproduzem e desafiam estudos científicos.

Outro navio que afundou foi o inglês Velásquez, com perda total na entrada de São Sebastião, litoral paulista. A Lamport & Holt Line fazia a rota Europa, América do Sul e Estados Unidos e transportava chá, carne, café e frutas. Bem que ela tentou se restabelecer com outros navios, depois da Primeira Guerra, mas acabou sendo incorporada a outras armadas, como fazem as companhias de hoje nesta época de fusões e aquisições, até desaparecer para sempre.

Essas e outras histórias são resgatadas com o rigor do jornalismo investigativo bem escrito e agora que tanto se fala no pré-sal e campo de libra, e na abertura de escolas de engenharia naval e biologia, nada mais justo que o livro esteja presente para consulta em todas as bibliotecas para acesso maior por todos aqueles que se interessam pela história verdadeira do Brasil.

Devemos estar atentos à História, mas também temos de observar nas empresas a rotina de nossas vidas, ver o dia a dia tão importante para o andamento dos negócios.

31 Bioética em questão

Howard Gardner, o criador da Teoria das Inteligências Múltiplas, em sua viagem ao Brasil em 2013, disse que neste século a ética vai valer mais que o conhecimento. A preocupação com a forma de utilizar os conhecimentos e promover estudos, pesquisa e orientação para o uso da ética na formação de áreas profissionais, ambientais e político-sociais que afetam os indivíduos, as comunidades e a sociedade em geral foi o que impulsionou a criação do Instituto Brasileiro de Ética e Bioética. O objetivo é formar bioeticistas por meio de programas de pós-graduação em mestrado e doutorado, além de cursos livres para a formação de professores, pesquisadores e orientadores de projetos capazes de promover o pensamento ético e bioético.

Bioética é um campo do conhecimento que discute as dúvidas e conflitos que surgem não só nos avanços tecnológicos, como também nas questões já conhecidas que se apresentem de nova forma em diversas sociedades. Boa parte das diretrizes da entidade tem origem no Instituto Kennedy de Ética, criado em 1971 nos Estados Unidos. De modo geral, os centros e núcleos de estudos de ética e bioética estão abrigados em instituições de ensino.

A bioética aplica os conceitos éticos à biologia e à medicina, lida com questões morais, condutas e políticas. O principal foco é a pesquisa científica que envolve seres humanos. A discussão em torno desse tema surgiu após a Segunda Guerra Mundial, quando o dramático cenário dos experimentos médicos realizados pelos nazistas em grupos étnicos e raciais foi revelado.

Em 1947, o Tribunal de Nuremberg julgou e condenou à pena de morte vários médicos que estiveram envolvidos com esses experimentos durante a Guerra, e estabeleceu o Código de Nuremberg, que definia as primeiras regras em relação às pesquisas envolvendo seres humanos. O documento determinava a obrigatoriedade de se obter o consentimento voluntário do sujeito ao participar de uma pesquisa, e seu direito de se retirar do experimento a qualquer momento.

Nas empresas também acontece o mesmo, há que se pensar nos problemas antes que eles assumam proporções que poderão fugir do nosso controle. Tudo é uma questão de consciência.

101 reflexões para evitar que sua empresa entre em crise

32 Biografia do poeta

O autor da coleção de poemas líricos mais popular da literatura portuguesa, Tomás Antonio Gonzaga (1744-1810), viveu parte da infância e da juventude no Recife, Rio e na Bahia, antes de voltar a Portugal. Foi ouvidor-geral de Vila Rica (MG), na época em que o contrabando de diamantes e a sonegação fiscal corriam soltos. Foi nesta época que também apareceu o alferes Joaquim José da Silva Xavier, o Tiradentes, que acabou na forca junto a alguns outros oficiais. Gonzaga foi condenado ao degredo para toda a vida em Angola, mas sua pena foi reduzida para dez anos em Moçambique. O conjunto de poemas *Marília de Dirceu* foi publicado com sucesso no Diário de Lisboa e tem um motivo: "É uma poesia que dá vazão ao tumulto interior, confunde-se com a vida do autor e torna-se profundamente autobiográfica".

O jornalista Adelto Gonçalves, profundo conhecedor da obra e vida de Gonzaga, acaba de publicar *Tomás Antonio Gonzaga* pela Academia Brasileira de Letras em convênio com a Imprensa Oficial do Estado de São Paulo. Ele vê no poeta um gosto pelas modinhas populares descobertas na sua infância no Brasil. No degredo casou com Juliana de Souza Mascarenhas, filha de seu subordinado que, segundo a lenda, era traficante de escravos, coisa que o autor desmente. Gonzaga nunca se meteu nos negócios de escravos, apenas advogou para traficantes negreiros. Como juiz interino da alfândega foi acusado de favorecer os interesses da elite negreira da ilha em detrimento da Coroa.

Garimpar fatos que envolvem a vida fascinante do poeta do Iluminismo fez o autor viver em Lisboa, onde pesquisou por alguns anos e voltou para fazer, na Universidade de São Paulo, a defesa de sua tese de doutorado, que se tornou livro e agora biografia, numa série que traça o perfil dos ocupantes da Academia de Letras, escrita à altura do grande poeta.

Cultivar a biografia dos fundadores das empresas é algo novo, mas a meu ver essencial, porque dá mais credibilidade à marca, ainda mais se forem histórias de empresários exemplares e que sejam bem contadas como faz Adelto Gonçalves.

33 Bisbilhotice corporativa

Empresas estão entrando na vida de seus funcionários, querem saber se eles usam drogas. Para isso, as corporações – e não são em pequeno número – recorrem aos seus departamentos médicos. Querem saber dos doutores se eles estão lendo atentamente os exames a que são submetidos os funcionários que eles insistem em chamar de "colaboradores". O uso de bebida alcoólica é considerado droga, revelou o colega Ricardo Boechat na BandNews. Os executivos recorreram aos seus advogados, que veem nessa atitude uma intromissão indevida no quadro funcional. Alegam que o que interessa às empresas é o desempenho dos funcionários, o que eles fazem fora do horário de trabalho é problema que diz respeito unicamente a cada um.

Entrar nos *e-mails* de funcionários não é uma prática incomum hoje no mundo corporativo. Há empresas que bloqueiam a entrada em determinados *sites*, por parte de seus funcionários. *Sites* de relacionamentos, de sexo e de outros assuntos que nada dizem respeito ao trabalho são vetados. Agora, chamar os responsáveis pelos departamentos médicos para ver se o funcionário é dependente ou não de droga dá a ideia de que a bisbilhotice corporativa não tem limites.

Há que se condenar atitudes sorrateiras a que as empresas recorrem. Não dá, por outro lado, para defender o drogado. Melhor seria se as empresas tivessem uma política específica para solucionar a grave questão. No caso de se deparar com um funcionário dependente da droga, melhor seria se a empresa encaminhasse esse doente para tratamento médico em clínica especializada. Mandá-lo embora pura e simplesmente não resolve a questão. Ao contrário, amplia o problema, uma vez que a droga é uma realidade hoje, já que o jogo da oferta e procura é visível em qualquer esquina de nossas cidades. Houve restrição à publicidade do cigarro e o que se viu foi uma notória diminuição do seu uso. Mas com relação à bebida, não se toma providência alguma nesse sentido. Ao contrário, aumenta a publicidade e o consumo.

Melhor do que bisbilhotar a vida de quem é muito caro, parceiro, só teria sentido se isso fosse feito às claras. Abra o jogo, diga que a empresa está tomando esta atitude pensando nela e no seu – aí sim – colaborador. E hoje já há também o entendimento de que pouco vale para a empresa se o funcionário é excelente, se traz resultados surpreendentes em termos de cifras, porque se ele for um carrasco, se não souber se relacionar bem com seus subordinados, se suas qualidades demonstradas não forem sinceras, então tudo poderá virar pó em poucos instantes.

Assim, aliar o nome de uma empresa à cultura, como no caso das obras do pintor Carybé, faz com que haja maior identidade com os consumidores, o que é tão certo como a grandeza e talento deste artista.

***101** reflexões para evitar que sua empresa entre em crise*

34 Carybé, um artista em exposição

Carybé (1911-1997) era filho de italiano e brasileira, nascido na Argentina, mas brasileiro por adoção, naturalizou-se em 1957.

Carybé é nome de um peixinho que nada nas águas baianas. Hector Julio Páride de Bernabó, desenhista, pintor, escultor, apaixonado pela cultura baiana, filho de Ogum, frequentador dos terreiros de candomblé, merece ter sua arte exposta e visitada. Sempre que houver esta possibilidade, os amantes da arte visual e da comunicação pelos traços de um verdadeiro artista, não pode perder de ver suas pinturas.

Dono de traços simples que chegam com cores vibrantes, oferecem um conjunto de imagens em movimento, revelando cenas do cotidiano baiano, como batismo, candomblé, cenas de bar, de ruas e de becos.

Tipos populares estão em sua arte, como mães de santo, pescadores, prostitutas, enfim, gente simples na famosa terra da magia. Jorge Amado, seu compadre, comparece por meio de um áudio a esta amostra.

Além de grande artista, um dos melhores que temos, deixou mais de 4 mil trabalhos. Foi também pandeirista do Bando da Lua, grupo que acompanhava Carmem Miranda. Era bom dançarino e excelente contador de histórias.

Obras de Carybé estão no terminal da American Airlines, em Nova York, e no Museu L'Ermitage, em Leningrado. Isso sem falar nas coleções particulares. Ver suas obras, como as serigrafias expostas, dão alegria a todo mundo, como ele certamente gostaria que fosse.

35 Celebridades

É certo que a relevância de uma personalidade para o público está intimamente ligada à sua exposição na mídia. Para qualquer pessoa se considerar uma "celebridade", é necessário que ela tenha mais do que reconhecimento público nos canais de comunicação de massa, seja na TV ou no rádio, nos jornais, nas revistas, seja nos *sites*. Nas revistas há um pouco mais de *glamour*, afinal ter a imagem em banca, simultaneamente em duas ou mais publicações, é feito para quem conquistou seu lugar ao sol.

Foi pensando nisso que a revista Imprensa criou, em parceria com a PR Newswire um *ranking* que aponta quais as celebridades que mais galgaram espaço nas revistas no Brasil no ano de 2011. A atriz Deborah Secco foi a campeã de aparições, seguida de Reynaldo Gianecchini e Adriane Galisteu (que em anos anteriores chegou a contabilizar a aparição em uma capa por dia). A responsável pela pesquisa, Marina Landert, diz que o grande sucesso da atriz na novela Insensato Coração a levou para o topo: "Para a imprensa, ela acabou desbancando a protagonista que era a Paola Oliveira. E também o filme *Bruna Surfistinha* que teve grande repercussão".

Cláudia Raia ficou na quarta posição, sucedida pela colega Grazi Massafera. A primeira colocada de 2010, Hebe Camargo, não figurou entre as dez mais lembradas de 2011. A sexta posição ficou com Angélica, seguida de Paola Oliveira, Sabrina Sato, Lília Cabral e Xuxa. O ator Reynaldo Gianecchini, único homem da lista, soube que tinha câncer: "Quando uma celebridade tem a suspeita de câncer, a imprensa começa a especular antes mesmo de se ter o diagnóstico, e saíram várias capas falando da luta, da sua força, da visita dos artistas no hospital", completa Landert.

Foram analisadas as revistas Caras, Quem, Contigo, Veja, IstoÉ Gente, Playboy, Claudia, Época, Veja São Paulo e Hola! e analisadas a quantidade de matérias em que as personalidades são citadas como o espaço dedicado a cada uma, as matérias mais extensas e as notas. O resultado foi esse.

Uma radiografia de momento que muda a todo instante na prateleira, que tem que ser renovada como nas empresas, para sua continuidade e maior vigor.

101 reflexões para evitar que sua empresa entre em crise

36 Che e um furo internacional

O belo livro *Che Guevara: a vida em vermelho*, de Jorge G. Castañeda, trouxe à memória a única imagem do guerrilheiro assassinado, do repórter fotográfico Antonio Moura, nascido em Bauru, com quem trabalhei em assessoria governamental. Feirante que vendia batatas, um dia ouviu de um primo que a Folha tinha vaga no departamento fotográfico. Conseguiu entrar como laboratorista. Foi no Diário da Noite que fez a foto que o projetou internacionalmente. Estava na Bolívia e se preparava para fazer as tomadas com *flash*, devido ao ambiente fechado, muita gente em volta. Mas o *flash* pifou e ele insistiu com luz natural. Contou 60 fotos, duas tremidas.

Moura estava em ValleGrande, cidadezinha de poucos mil habitantes, a 200km de Santa Cruz de La Sierra. Tinha ido para cobrir quatro mortes de guerrilheiros pelo Exército boliviano. Ao chegar lá já circulava a notícia de que Che Guevara tinha sido morto e estaria sendo trazido de helicóptero. Chegou amarrado na pata do helicóptero como um fardo. Che usava um sapato de índio de couro fino de lhama, meia bola de borracha amarrada ao calcanhar.

"Os militares correram com a gente, pois aquele corpo era uma batata quente na mão deles, um corpo inerte, mas que gritava de uma forma que o mundo inteiro ouviria", testemunhou. Foi um furo internacional. Castañeda cita apenas Alexander Korda, que fotografou Che ainda vivo, mas espero que na próxima edição da biografia lembre do Moura, cujas fotos e referências estão no livro de José Hamilton Ribeiro, *Jornalistas*, da Imprensa Oficial.

Quando nos decepcionamos com o que nos é apresentado como verdade e que a todo momento muda o cenário nas empresas, o jeito é fazer como o velho Moura fez, fotografar e sair de fininho para não ser notado, com o troféu bem escondidinho.

37 Cibercultura

Desde a invenção da microinformática e do surgimento das redes temáticas, a cibercultura cresce e nos envolve de forma cada vez mais ampla, ubíqua e planetária. Primeiro foram os microcomputadores, depois o surgimento do ciberespaço, agora falamos da web 2.0, mídias locativas e da internet das coisas, que está se configurando como uma rede de todos os objetos conectados ao redor do planeta. Fala-se hoje em mais de seis objetos conectados por pessoa na rede. Mas não se trata apenas da configuração de um mundo das redes telemáticas.

Precisamos compreender que estamos vendo o mundo das redes telemáticas penetrando em todas as áreas, chegando hoje a uma hiperconexão global de objetos que tomam decisões autonomamente.

O autor da afirmação acima é André Lemos, doutor pela Université de Paris V (René Descartes), pós-doutorado pela University of Alberta e McGill University, no Canadá. Ele falou sobre o monitoramento ao qual, indiretamente, o usuário da internet é submetido.

"Essa é uma das questões mais importantes da atualidade. As mídias e redes sociais funcionam coletando dados, processando e minerando nossas informações, gerando perfis e ações em nosso nome. Nossos movimentos e ações são guardados para sempre e usados para o melhor (indicar coisas que queremos ler, comprar e ver), ou o pior (invasão de privacidade por empresas, governos ou pessoas).

As redes sociais são máquinas de produção de trocas informacionais entre pessoas, sistemas, *softwares* e bancos de dados. Muitas pessoas não têm consciência de que seus dados são coletados, estocados, vendidos. Facebook, Foursquare, Twitter, Google, todos fazem isso. Precisamos compreender esse regime de monitoramento de dados e reforçar regimes jurídicos que protejam os cidadãos. O desafio é grande. Manter sistemas sociais que sempre são motivados pela dinâmica da privacidade e da confissão e, ao mesmo tempo, garantir a posse dos dados pelos usuários. A rede não esquece nada. Alguns defendem a necessidade de introduzir alguma forma de esquecimento de dados. Isso seria vital para a sobrevivência dos sujeitos no futuro, assim como é fundamental para o equilíbrio psíquico que esqueçamos coisas que fizemos ou outros fizeram.

No Brasil um passo importante foi dado com a recente aprovação do Marco Civil da Internet, uma lei que estabelece princípios, garantias, direitos e deveres para internautas e empresas ou provedores".

O que André Lemos chama a atenção é, em resumo, para reformularmos rapidamente mentes e regimes jurídicos de propriedade e direito de autor, para não ver cerceadas as inovações.

101 reflexões para evitar que sua empresa entre em crise

38 Cinema e política

Todos os filmes são políticos, diz Costa-Gavras, diretor de *Z*, *Desaparecido – um grande mistério* e *Estado de sítio*. Ele mesmo, citando Roland Barthes, nota que todos os filmes são políticos ou podem ser analisados politicamente. Contou que até os filmes com a atriz norte-americana Esther Williams que mostravam carros bonitos, mulheres na piscina, casas com cozinhas modernas faziam com que ele, que estava na Grécia, acreditasse que aquilo era a América. Mas não era. Sua mãe recomendava sempre: "Fique longe dos partidos políticos".

Quando o presidente francês François Miterrand lhe pediu indiretamente que fizesse um documentário sobre ele, o cineasta levou em consideração várias coisas com as quais não concordava no governo e que queria criticar. Então não fez o filme.

Para Costa-Gavras, desde seu nascimento o cinema teve papel importante na sociedade, na formação da sensibilidade das pessoas. Na década de 1930 o cinema exerceu um papel negativo na Rússia de Stalin, e durante a Guerra Fria em Hollywood, porque manipulou os espectadores e divulgou uma ideologia que não era a do cinema livre.

Um exemplo positivo recente foi citado num artigo do The New York Times, que dizia que Barack Obama fora eleito graças ao cinema: "No passado, o cinema mostrou o negro operário, que não podia ocupar cargos importantes. Mas, nos últimos 25 anos, mostrou negros como arquitetos, advogados etc. Acho que teve até uma série de TV que mostrou um presidente negro. Isso permitiu que Obama fosse considerado alguém que veio da África, mas como qualquer outro integrante da sociedade".

"Cinema é espetáculo e como tal é preciso guardar certas liberdades para ele. Ninguém vai a um filme como vai a uma aula na universidade ou ouvir um discurso num comício político. As pessoas vão para amar, odiar, chorar etc., sentimentos importantes que definem nossa vida".

O cineasta, que esteve em Recife, para onde foi convidado pelos idealizadores do festival de cinema de Pernambuco, disse: "Hoje temos uma transformação total com a tecnologia digital, tanto no plano econômico quanto no estético. Qualquer grupo de jovens pode fazer filmes com uma câmera digital. É uma nova concepção. Com o DVD um filme pode circular por todo o mundo. Há, no entanto, riscos de aspectos negativos, como o do filme no telefone, que seria uma coisa estúpida porque qualquer companhia poderia impor sua vontade ao público privado".

As empresas têm de estar atentas a tudo o que surge com as novas tecnologias para aproveitar todos os avanços, porque é justamente aí que podem estar as grandes oportunidades de mercado.

39 Cineminha

Ao passar por nós, era inevitável a pergunta: "Bênção, padre, vai ter cineminha hoje?". De batina preta, bicicleta sem cano, pedalar lento, o padre respondia: "Vai sim, apareça na igreja logo mais à noite". Embaixo da imensa árvore havia sempre bancos de madeira e umas cadeiras. O filme era projetado na tela colocada na entrada da igreja. O projetor, a tela que parecia imensa aos nossos olhos de criança, tudo estava pronto para o início de um ritual que se repetia nas noites das quintas-feiras. Aquela sessão gratuita de cinema era na verdade o chamariz para atrair o grande público.

Mais tarde, ainda nos tempos da ditadura que desgraçou este país (1964-1985), fui convidado a escrever em jornal católico submetido à censura prévia. Comecei com artigo sobre menores abandonados e como não tinha ilustração pedi ao amigo, o talentoso cartunista Angeli, um desenho que os editores deram com destaque na última página. Outras matérias foram feitas até que o convite para editar o jornal chegou.

Foram seis anos pensando nos acontecimentos por que passava o País sob a ótica da igreja católica. Seu líder entrou em crise de identidade após o fim do período militar, percebi isso quando ele me perguntou: "Terei algum papel na redemocratização deste país?", ao que respondi: "Absolutamente, totalmente, porque quem foi fundamental em época difícil também será chamado para outras tarefas em situação diferente, adversa, em que estamos entrando". Creio que este líder não levou muito em conta o que lhe disse, porque se recolheu em silêncio em um convento.

A verdade é que o padre que atraia seus fiéis com uma sessão de cinema, a igreja combativa que se dizia dos pobres, de repente perdeu terreno para cultos mais agressivos que contam com emissoras de televisão aberta.

A guerra das mídias prossegue e não sabemos qual o resultado para todos nós, afinal somos todos consumidores. E isso vale para todos os setores da vida empresarial.

101 reflexões para evitar que sua empresa entre em crise

40 Clube de leitores

Mineira de Nova Lima e hoje paulistana de coração, Beatriz Campos é uma pessoa bem-humorada, mãe de dois filhos, três netos, e *designer* de interiores. Todos os dias boa parte do seu tempo é dedicado a ler jornais e revistas, passar pelos principais *sites* e, de posse dos teclados na internet, começa a fazer considerações que dispara aos principais jornais do País, sobre corrupção, taxas de juros, inflação, aposentadoria, mensalão, impunidade, CPIs, numa tentativa de ser ouvida. Escreve todos os dias: "É uma forma que eu tenho para falar e botar minha raiva para fora", disse a colega Ana Beatriz.

Desde os 12 anos ela tinha questões para debater com o País, mas não falava nada: "Meu pai, na época da Ditadura, mandava a gente calar a boca, porque as paredes tinham ouvidos. A gente não podia falar, não podia abrir a boca". Os tempos do governo Sarney, na década de 1980 foram, para ela, os piores. Perdeu sua confecção de roupas: "Foi uma época tenebrosa. Quebrei, foi traumático". Viu uma certa melhoria no governo FHC, mas logo que Lula assumiu, em 2002, sentiu-se insegura novamente.

Vendo o País enfrentar diversos problemas, não conseguiu mais ficar calada. Passou a buscar na internet o *e-mail* dos deputados, senadores e ministros e endereçava mensagens diretamente aos políticos, com reivindicações. Senadores a convidavam a entrar em seus partidos, outros mandavam boletins semanais de suas atuações. Não era o suficiente. Foi quando ela resolveu ampliar e mudou a estratégia, passando a enviar suas mensagens aos veículos de comunicação do País.

Formou um grupo batizado de Por um Brasil Melhor, com outras pessoas que tinham o mesmo objetivo: lotar jornais e revistas de cartas com reivindicações. O grupo hoje tem 63 pessoas em todo o Brasil e reúne as cartas que saem nos jornais e mandam boletins diários para blogue e *sites*: "O que eu quero com as cartas é protestar, unir as pessoas, tento achar um meio de fazer algo que valha a pena, buscar os meios, alertar, porque o Brasil poderia estar muito melhor".

Se depender de pessoas como Beatriz, certamente o País será bem melhor um dia.

41 Colecionador de vozes

Integrante da primeira turma da Faculdade Cásper Líbero, em 1947, Luiz Ernesto Kawall, por alguns imprevistos, acabou se formando mesmo na segunda turma, que teve como paraninfo o histórico personagem Carlos Lacerda. Jornalista, político, fundador da Tribuna da Imprensa no Rio e dono de uma voz firme, convicta, capaz de derrubar presidentes, Lacerda foi o inimigo público número um de Getúlio Vargas, atacou o então presidente Jânio Quadros em rede de televisão em 24 de agosto de 1961 e, no dia seguinte, o povo brasileiro assistiu à renúncia. Ao final da formatura, Kawall foi convidado por Lacerda a ser o correspondente do jornal em São Paulo. Foi seu primeiro emprego. Os inflamados discursos de Lacerda junto às vozes de Juscelino Kubitschek e de outros líderes deram ideia de fazer uma "vozoteca".

Por mais de cinco décadas a "vozoteca" funcionou na Praça Benedito Calixto, em Pinheiros. Mas como jovens estudantes, professores, pesquisadores e demais curiosos não paravam de pesquisar, ele achou que era hora de compartilhar os sons que a vida lhe proporcionou ouvir. O acervo de vozes de Kawall está hoje no Instituto de Estudos Brasileiros da USP.

Capas de discos desenhadas por Portinari, Volpi e Picasso fazem parte da coleção. Gravações em fitas cassetes, VHS, discos em várias rotações, livros e esculturas estão sendo examinados para a documentação digital. Entrevistas de Santos Dummont, discursos de Churchill, gravações das pesquisas de Mário de Andrade, a leitura dos poemas de Cora Coralina por ela mesma estão lá. Ele acredita que "a voz é um estado da alma". Acorda cedo, lê todos os jornais e depois dedica seu dia aos bisnetos, com quem encontrei, dia desses, alegres e felizes nas ruas de São Paulo.

Kawall é um bom exemplo para toda empresa, de todos os portes e com objetivos diferentes, porque é um homem eternamente preocupado em eternizar as vozes, as lembranças e ressaltar os valores.

101 reflexões para evitar que sua empresa entre em crise

42 Contos para crianças

Certa noite, uma menina descobriu que, para alguns, as estrelinhas podem ser apenas estrelinhas e não enormes complexos cósmicos como os astrônomos dizem. Aprendeu também que são elas que alimentam mais esperanças e que o céu é a morada dos sonhos. Assim começa o texto de *Estela, estrela, estrelinha minha.*

Outro texto, *Você sonhou que me abraçava*, começa assim: "Amiga Tere: você ligou e disse que havia sonhado comigo. É bom saber quando alguém sonha com a gente. Isso significa que somos importantes para essa pessoa. Ninguém sonha em vão. Os sonhos dizem muito de nós e de como estamos levando a vida".

Mais um texto, *Seu vizinho é aquele que mora ao lado do seu coração*, começa deste jeito: Nossos dedos trabalham como uma equipe afinada e harmoniosa, quer montando um complicado motor ou um trabalho de marcenaria, quer preparando um bolo ou trocando as teclas de um piano, há uma perfeita relação entre eles. Em milésimos de segundo nosso cérebro calcula qual a força que cada dedo deve usar e um ajuda o outro compensando essa força para mais ou para menos. Esse texto, um estudo sobre a função dos dedos, explica às crianças o valor do trabalho em equipe.

O autor, consultor e um dos mais experientes pensadores da comunicação empresarial, Eloi Zanetti, de Curitiba, escreveu os três livros da série que batizou de Valores Humanos. Foi ele também que financiou os livros, não quis se submeter à espera e burocracia das editoras que publicam livros infantis e juvenis com linguagem no mínimo desrespeitosa ao público a que se destina, muitas vezes textos raiando a imbecilidade e o mau gosto. O autor escreve sem tentar imitar a fala irregular (e charmosa) das crianças, respeita seus sonhos e sua linguagem, não tenta imitá-las, o que é importante. Tudo feito com características fundamentais a qualquer um que almeja ser bem-sucedido: muita imaginação, competência e talento acima de tudo.

Um homem que criou a campanha "Gente que faz" para o antigo banco Bamerindus, entre tantas outras comunicações vitoriosas: É gratificante ver Eloi Zanetti escrevendo hoje para crianças de todas as idades.

43 Cotas raciais

Na defesa do líder comunista Luiz Carlos Prestes, o advogado Sobral Pinto valeu-se da Declaração Universal dos Direitos dos Animais em plena ditadura Vargas. Na Declaração Universal dos Direitos Humanos, assinado pelo Brasil na ONU em 1948, consta que todas as pessoas devem ser livres e ter direitos iguais, independentemente de cor, sexo e nacionalidade. Em 1968, em plena ditadura militar, o Brasil ratificou nova convenção da ONU que eliminava todas as formas de discriminação racial. O senador Abdias do Nascimento definiu que 40% das vagas abertas nos vestibulares para ingresso no Instituto Rio Branco do Ministério das Relações Exteriores seriam destinadas a candidatos negros.

Por ter sentido na pele o problema racial, frei David, fundador da rede de cursinhos comunitários pré-vestibular Educafro, passou a lutar pelas cotas. Ao dar palestra para grupo de jovens em sua paróquia na Baixada Fluminense, descobriu que dos quase 100 jovens presentes, só dois iriam fazer faculdade, e mesmo assim fariam um curso particular, porque sua mãe trabalhava lavando os banheiros das universidades e descobriu que poderia colocar os filhos de graça por lá.

A Educafro visa converter as estruturas institucionais que secularmente oprimiram o povo pobre e negro de modo que essas instituições estejam a serviço dos excluídos. Com uma rede de cursinhos pré-vestibulares comunitários presenciais e virtuais, é uma entidade do Movimento Negro sem fins lucrativos que luta por justiça, declarou frei David à revista Imprensa.

O frei disse que nas universidades que já fecharam pesquisas sobre o desempenho acadêmico dos alunos que entraram por cotas, as notícias são 100% positivas. Os cotistas que nos vestibulares entraram com notas inferiores, um ano depois, acessando o mesmo laboratório, a mesma biblioteca, o mesmo professor, estão com notas acadêmicas superiores aos que entraram sem ajuda das cotas.

"A meritocracia foi uma estratégia da classe dominante. Imagine que se vai organizar uma corrida e para um atleta se dá um excelente treinamento e assistência médica. Para outro nada. Nem alimento. Quem vai ganhar a corrida? Assim é a universidade pública brasileira. Vamos analisar o exemplo da melhor faculdade de medicina no Brasil que é a Unifesp, antiga Escola Paulista de Medicina. Os alunos cotistas negros entram pelo vestibular com notas 30% abaixo, em média, das notas dos alunos de classe média. Uns anos depois, os cotistas estão com notas iguais ou superiores às dos alunos da classe média".

Frei David lucidamente ressalta que ações afirmativas não são as melhores opções. A melhor opção é ter uma sociedade na qual todo mundo seja livre para ser o que quiser. Isso é uma etapa, um processo, uma necessidade, em uma sociedade onde isso não aconteceu naturalmente. Um sábio.

101 reflexões para evitar que sua empresa entre em crise

44 Crianças abandonadas

As fontes de pesquisa de José Fernando Teles da Rocha foram, basicamente, os relatórios dos administradores do asilo, conhecidos como mordomos dos expostos. Foram analisados ainda jornais e a legislação da época. A pesquisa aborda a problemática das crianças abandonadas na capital paulista, entre 1896 e 1936.

O trabalho orientado pela professora Heloísa Pimenta Rocha, da Universidade Estadual de Campinas (Unicamp) enfoca, mais especificamente, as práticas de assistência e proteção instituídas pela Santa Casa de Misericórdia, como o Asilo dos Expostos, as amas de leite, a Roda dos Expostos, o berçário e o lactário.

"As análises tomam como base as reflexões de Michel Foucault acerca do biopoder e da biopolítica para discutir as mudanças, intervenções e transformações ocorridas em São Paulo, bem como as questões relativas à caridade, filantropia e à dinâmica do asilo", explica o autor.

"Importante chamar a atenção para o fato de que somente a partir de 1959, com a Declaração Universal dos Direitos da Criança, a criança passou a ser reconhecida e considerada sujeito de direito. Antes desta data, o abandono dos próprios filhos era tolerado, aceito e até mesmo estimulado, pois se pensava primeiro nos interesses dos adultos e da sociedade".

A dissertação, com 253 páginas, reúne material muito representativo sobre o abandono de recém-nascidos e o destino das crianças cujo parto não era desejado. Há recibos de pagamento das amas de leite e também uma detalhada descrição da Roda, instalada na parede da Santa Casa de São Paulo em julho de 1825.

O instrumento medieval, que teve sua origem na Europa, chegou a ser instalado em 15 cidades brasileiras e entrou para o imaginário popular como a Roda dos Enjeitados. Alvo de intensas críticas no início do século XX por facilitar o abandono de crianças, a Roda foi uma solução para "garantir o anonimato de quem abandonava um recém-nascido, para preservar a moral da família, no caso dos bebês gerados de amores considerados ilícitos, e ainda evitar que as crianças fossem deixadas em locais públicos, onde as chances de sobrevivência seriam menores".

Criticada por médicos, juristas e pedagogos, a Roda, extinta em 1862 na Europa, deixou de existir em São Paulo apenas em 1944. A peça de madeira com cilindro central e rotativo, que recebeu menores abandonados no século XIX e início do século XX na capital paulista, encontra-se hoje no Museu da Irmandade da Santa Casa de Misericórdia de São Paulo.

As empresas devem ter o cuidado de sempre preservar sua memória, mesmo que não sejam exatamente as melhores, mesmo porque não se pode mudar o passado e, sim, aperfeiçoá-lo para construir o futuro.

45 Crianças conectadas

No contexto das tecnologias da informação e comunicação, a infância do século XXI é ímpar na história da humanidade. São nativos digitais, com um modo de percepção, aprendizagem e expressão audiovisual, além de serem mais participativos, reflexivos e estar em busca de um novo protagonismo. Possuem direitos iguais aos dos adultos e uma condição privilegiada por não terem deveres ou responsabilidades.

A passagem da comunicação de massa, em que somos apenas espectadores, à comunicação interativa, em que podemos ser produtores de mensagens, foi a grande revolução técnica no século XXI. Por isso, as possibilidades de interatividade virtual mediada por esses dispositivos técnicos digitais estão transformando as culturas infanto-juvenis, desafiando e exigindo da escola e das famílias novas respostas e soluções.

A educadora Maria Luiza Belloni, da Universidade Federal de Santa Catarina, acredita que o papel da educação deve ser, além de propiciar a apropriação crítica e criativa das novas linguagens para estar em sintonia com as culturas dos jovens, desenvolver metodologias inovadoras de uso pedagógico desses meios.

A escola do futuro imaginada por Belloni deveria ensinar a aprender, em vez de transmitir conteúdos, com projetos interdisciplinares, aprendizagens interpares, uso intensivo de tecnologias e uma presença muito importante de aprendizagem de ciências, artes e esportes. Uma combinação equilibrada e inteligente de inovação pedagógica e técnica, com a finalidade de formação do sujeito autônomo, capaz de aprender ao longo da vida, nesta sociedade saturada de máquinas cada vez mais inteligentes.

A professora Viviane Bona, da Universidade Federal de Pernambuco, observa que essas novas tecnologias proporcionam modelos mais autônomos e interativos e, assim, diferentes formas de aprendizagem surgem no atual cenário.

Espero que os professores estejam preparados para esta nova tarefa. Mesmo porque em qualquer empresa a educação é o primeiro item quando se fala na necessidade de se preparar para novos e tumultuosos tempos, para que ela possa sobreviver e, depois, crescer.

101 reflexões para evitar que sua empresa entre em crise

46 Defesa animal

Na Ucrânia o ministro do Meio Ambiente Mykola Zlochevsky se movimenta para libertar 80 ursos mantidos em cativeiros. Nos restaurantes eles são uma atração para que seus donos aumentem a clientela. O aspecto selvagem desses animais capturados na floresta não é problema. Para que eles fiquem dóceis, são embriagados e assim, domados, passam a ser exibidos ao vivo para o distinto público.

Em Nova York um grupo constituído de defesa de animais se vestiu de vaca para protestar contra o uso do couro na fabricação de calçados. Sempre que calçamos um sapato, é bom lembrar, um boi foi morto. Antes de ser morto, o animal foi torturado. Uma relação profundamente indigna e humilhante. A associação americana de fabricantes de calçados de moda ouviu dos manifestantes que eles podem fazer seus produtos com outros materiais ecologicamente corretos. Ganham mais dinheiro e, ao mesmo tempo, fazem um bem enorme para a natureza.

Preocupações como estas, de dois países do mundo, fora o que acontece rotineiramente com maus tratos contra os animais, independentemente de seu porte, é uma questão de honra para a Associação Nacional de Defesa dos Animais (Anda), de Silvana Andrade. Sua preocupação é a defesa intransigente da vida dos animais. Para isso, a agência de notícia publica não só a chamada notícia ruim, mas as boas, as positivas também.

Se nós, humanos, temos direito essencial à vida, os animais também compartilham da mesma exigência, com desvantagem abissal para eles que, ao contrário do que imaginava o escritor La Fontaine, não falam.

A Anda, em vez de fazer estardalhaço, usa apenas uma arma que é grande, nobre, eficiente e com efeito a se sentir a longo prazo: a comunicação.

47 Economia cultural

Para pensar processos culturais é importante fazer uma forte reflexão econômica, só assim saberemos como gastar melhor o dinheiro nas diversas áreas como cinema, teatro e daí por diante. E mudar alguns paradigmas. É o que afirma o professor titular de Sociologia e coordenador do Centro de Estudos da Cultura e do Consumo da Fundação Getúlio Vargas (FGV) em São Paulo, José Carlos Garcia Durand.

"Política cultural quer dizer um conjunto de ações, legislações, decisões e escolhas governamentais em relação à cultura. Sociedades classistas enfrentam a necessidade de criar instituições para promover a cultura das suas elites para que o País ganhe mais prestígio e seja conhecido apenas pelas festas de seu povo, quaisquer que sejam suas origens. Nesse sentido, faz-se uma aliança entre as elites e o governo. Essas pessoas têm como conduta uma visão exclusiva da cultura. O homem ou mulher de elite, que durante décadas e décadas num País como o nosso eram guindados a postos de direção cultural, não teriam nem como traço biográfico nem como imposição de partido político nenhuma garra para tentar fazer o Estado estar presente no consumo popular das classes populares, que deve ficar espontâneo aos olhos deles, ou ser fomentado pela indústria e não por eles".

Durand tem se manifestado a respeito da necessidade de fomentar a economia da cultura e isso passa pela iniciativa das autoridades culturais (secretarias e Ministério da Cultura) de criar estímulos para atrair economistas para estudar a área cultural: "Não há núcleos preocupados especificamente com a economia da cultura. A relutância existe porque a chamada área cultural é formada por pessoas com capacidades perceptivas muito diferentes entre si. Não temos uma arte de lidar com números, o que acontece neste caso da economia da cultura. Por que ela se desenvolveu em outros países? Foi criado um sistema diversificado no qual pessoas que não conseguiam se interessar por indústria, comércio e serviços em geral estavam inseridas. Elas gostariam de compor uma música ou pintar um quadro, havia esses desviantes que se diplomaram em economia e tinham pendores artísticos. Isso permitiu a constituição de uma associação importante de economistas da cultura. No Brasil está ficando difícil desenvolver algo do gênero".

Durand acaba de escrever um livro sobre o tema e conclui afirmando que há um fosso enorme entre educação e cultura: "Educação deveria ser mais associada à cultura, não como agora, reduzindo-se ao entretenimento".

101 reflexões para evitar que sua empresa entre em crise

48 Em defesa da cultura nacional

Ariano Suassuna, dramaturgo, romancista e poeta, falecido em 23 de julho de 2014, foi um defensor intransigente da cultura nacional: "Não abro mão, especialmente para derrubar falsas versões. Certa vez fui a uma exposição no Masp chamada Arte Brasileira – Uma História de Cinco Séculos. Ora, para os organizadores, parece que a arte só passa a existir no Brasil com a chegada dos portugueses, e se ignoram dança, desenhos, músicas, esculturas feitas pelos índios. Não existe comunidade que não tenha arte. O homem é igual em qualquer canto, em qualquer época. O que varia são as circunstâncias por meio das quais cada comunidade realiza o humano".

A arte é "um acerto de contas com a realidade". Ariano acha que a arte, por natureza, não é uma imitação do real, é uma recriação, uma realidade magnificada.

O grande pensador, no alto dos seus 83 anos, continuava sua cruzada: À pergunta de sua decisão de não adotar a nova ortografia, respondeu: "Essa, mantenho. Trabalhei como professor de português desde os 17 anos, portanto conheço bem a língua. Mas perdi a paciência certo dia ao abrir uma enciclopédia e descobrir meu sobrenome grafado com cê-cedilha. Reclamei com o Aurélio Buarque de Holanda, dizendo que Suaçuna parecia nome de cobra. Ele não me convenceu ao responder que nomes indígenas são grafados sempre com cedilha. Outro exemplo: sempre escrevi Euclydes da Cunha, pois vi assim em um livro autografado por ele. Com as reformas ortográficas, trocaram o ípsilon por um 'i'. Com que direito? Aí me revoltei e decidi que no meu material vou manter a acentuação que eu quiser".

O repórter Ubiratan Brasil, do Estadão, viu Suassuna lotar e encantar jovens nos 645 lugares do teatro do Sesc Vila Mariana (SP) e no dia seguinte tinha viagem marcada para Poços de Caldas (MG): "Já cruzei o País do Acre ao Rio Grande do Sul, do Nordeste ao Centro-Oeste", orgulhava-se ele que, na condição de secretário de Cultura de Pernambuco, também percorreu diversos municípios para levar seu circo particular – grupo formado por bailarinos, músicos e cantores. "E também um palhaço, que sou eu", diverte-se. "Quando eu era secretário do governo Miguel Arraes, em 1995, ele queria um programa barato e eficiente. Então, pedi para nomear artistas como assessores e acabei contratando músicos, bailarinos e cantores. Queria alavancar no País uma discussão sobre a cultura brasileira, que continua marginalizada. Então, em 2011, no governo Eduardo Campos, estava fazendo a interiorização da cultura: estive em 63 municípios de Pernambuco com meu circo". Belo exemplo a ser seguido.

Entretenimento e não noticiário

É certo que a mídia exerce grande influência na formação da opinião pública e, justamente por interferir direta ou indiretamente na vida das pessoas, acaba também funcionando como indicador relevante de um tipo de material cultural que a população tem como tendência de consumo. Com essa premissa, o pesquisador Davi Mamblona Marques Romão apresentou no Instituto de Psicologia da Universidade de São Paulo sua tese "Jornalismo policial, indústria cultural e violência".

Como material de análise, ele selecionou três programas de TV que focam a violência e que têm grande audiência: Brasil Urgente, Cidade Alerta e Balanço Geral.

Comuns entre eles o uso de recursos sensacionalistas para a captação e manutenção da atenção dos telespectadores, a visão do mundo ostentada por esse jornalismo policial e a construção de uma aparência de credibilidade e autoridade para essa visão do mundo apresentada.

"Esses programas basicamente apresentam um discurso de revolta, de indignação, de onde você tira a ideia de que se quer mudança, de que aquela situação é inaceitável, e de que é necessário controlar a violência. Mas, se se pensar para além do imediato, o efeito desse discurso é de estagnação. O jornalismo policial apresenta criminosos e vagabundos como a fonte de todos os problemas que nos atingem. A estrutura do programa precisa direcionar para longe a raiva que ela mesma gera e o criminoso recebe em si tudo o que nossa ordem social nos obriga a reprimir.

Encarnando o papel de autoridade, falando assertivamente, elevando o volume da voz, induzindo o público a concordar, os apresentadores constroem um cenário no qual ocupam a posição de referência moral da humanidade, apresentam uma visão de mundo cristalizada, que não permite qualquer tipo de questionamento ou tensão. É como se a verdade sobre o mundo fosse entregue em domicílio pela televisão".

Por fim, o pesquisador sentenciou: "O jornalismo policial é mais uma ocasião na qual os indivíduos buscam mecanismos compensatórios para suas frustrações e formas de expressão para a agressividade contida. Diante dessa necessidade, os programas do gênero vêm lhe oferecer exatamente o que deseja: entretenimento revestido de noticiário".

O que se vê em todas as cidades, em qualquer esquina, mesmo dentro das empresas, é o comentário de algum caso trazido à tela por um desses comunicadores populares, quando as pessoas deixam claro que confundem ficção com realidade. Há que se separar uma coisa da outra.

101 reflexões para evitar que sua empresa entre em crise

50 Esculturas midiáticas

A mídia impõe um padrão de beleza que causa insatisfação corporal e influencia a escolha de alimentos entre os jovens brasileiros. Essa foi a conclusão a que chegou um grupo de pesquisadores do Departamento de Psicologia de Ribeirão Preto, da Universidade de São Paulo (USP). Jovens pesquisados foram divididos em dois grupos, o primeiro experimental, no qual foram apresentadas fotos de modelos que representavam ideais de beleza. No outro, foram apresentadas fotos de objetos neutros. Foram também apresentadas fotos de alimentos classificados como "saudáveis" e "poucos saudáveis". O desejo de mudança tem sido motivado pelo receio de engordar ou pelo desejo de emagrecer, e não pelo benefício de uma alimentação saudável.

Antes de observar as imagens dos modelos de beleza, o índice de satisfação corporal dos grupos era praticamente o mesmo. Após a exposição aos estímulos, 37,50% das mulheres e 58,97% dos homens do grupo experimental selecionaram uma silhueta diferente da escolhida como desejada antes da visualização. Ente eles, 80% das mulheres e 67,87% dos homens optaram por uma figura mais magra.

Coordenadores da pesquisa notam que a visualização de imagens de pessoas magras gera sentimentos negativos, observados pelo aumento da insatisfação do próprio corpo, os quais influenciaram a escolha alimentar pós-exposição. Pesquisadores têm em mãos dados de pesquisas de outros países que mostram praticamente o mesmo resultado, o que mostra que a mídia é quem molda os corpos de hoje.

51 *Microchips assustadores*

O Ministério do Trabalho da Espanha está investigando acusações de que uma empresa estaria usando *microchips* instalados nos celulares de seus funcionários para saber quanto tempo eles ficam parados durante o serviço. Segundo a denúncia, apresentada por empregados da companhia de elevadores Schindler-Catalunha e pelo sindicato regional, o *chip* emite um sinal que dispara um alarme em uma central quando detecta falta de movimento do trabalhador por um período de dez minutos.

O *microchip*, batizado de "acelerômetro", é acoplado no celular e funciona com um sensor. Além de fazer soar um alarme após dez minutos de paralisação, o sistema também informa, graças a um GPS, onde o trabalhador está em tempo real durante as horas de atividade.

O sistema de *microchips* começou a funcionar em abril passado, mas a queixa foi apresentada oficialmente há algumas semanas pela União Sindical Operária da Catalunha e pelo comitê sindical da filial da Schindler ao Ministério do Trabalho e à Secretaria de Trabalho. A secretaria deu razão aos funcionários e ordenou a retirada dos *chips,* por considerá-los uma forma de controle.

A Schindler não emitiu nota à imprensa. A assessoria de comunicação da filial espanhola informou que recorreu da ordem da Secretaria de Trabalho do Governo da Catalunha, afirmando que o sistema "é um mecanismo de proteção e não de controle aos trabalhadores". "O acelerômetro é um mecanismo de segurança. Se um operário de manutenção sofre um desmaio, perda de consciência ou qualquer problema, o alarme atua como grande ajuda para os técnicos", disse o diretor de Relações Trabalhistas da Schindler-Catalunha, Juan Carlos Fernández.

Mas os funcionários não aceitam essa explicação. O advogado da União Sindical, Luis Méndez, disse que o objetivo da companhia é "controlar os trabalhadores por um dos piores métodos já vistos, como se estivéssemos em séculos passados".

Segundo o comunicado, a maioria dos trabalhadores que assinaram a denúncia é responsável por inspeções de elevadores e peças nos escritórios e residências dos clientes. Por isso, eles seriam os mais controlados para trabalhar sob pressão e com velocidade.

Isso justificaria também a inclusão do GPS que indica onde está o funcionário em cada instante, na opinião do advogado. "O dispositivo não é um mecanismo de segurança ou de proteção individual porque não está inserido num plano de avaliação de riscos e resgates de acidentes de trabalho. É um claro exemplo de método de controle e pressão sob os trabalhadores".

A União Sindical afirmou ainda que o Ministério de Trabalho da Espanha já emitiu uma nota de infração à empresa, pedindo a retirada dos *microchips* dos celulares. Um ato, afinal, de bom senso.

101 reflexões para evitar que sua empresa entre em crise

52 Proteção animal nas escolas

A província de Lecce, no sul da Itália, assinou o convênio *Proteção e bem-estar animal na sala de aula*, promovido por uma rede de associações em defesa dos animais. A coordenadora do projeto é Charlotte Probst. As informações são do *site* Il Quotidiano Italiano.

Charlotte está convencida de que a proteção aos animais deve ser ensinada na escola, em cursos específicos. Os jovens, especialmente as crianças que ainda não foram contaminadas e conquistadas pelo mundo material, são capazes de entender a solidariedade. Ela está certa de que, se as crianças são capazes de compreender a dor de um animal, elas compreenderão também o que é a dor para uma pessoa.

Quando ela apresentou aos representantes do Ministério da Educação da Áustria a validade de seu projeto, sua ideia ganhou o apoio de muitas pessoas. Em 1990 formou um grupo de trabalho específico, com seminários anuais ministrados por professores provenientes da Áustria e de outros países. O objetivo é que estes ensinamentos entrem nas escolas e sensibilizem os estudantes quanto ao sofrimento animal.

A ideia do convênio com o governo de Lecce nasceu com a participação de Raffaela Vergine, presidente da associação Pata Livre, no seminário internacional promovido na Áustria. Depois do encontro das duas, Charlotte Probst foi até Lecce sensibilizar os políticos locais sobre o projeto.

Cada lição é dividida em três partes: ética, informação e busca de soluções (o que eu posso fazer?). Os objetivos a serem alcançados são:

- Fornecer uma formação de base segundo os princípios da didática zooantropológica, e os instrumentos para promover projetos de zooantropologia didática nas escolas em todas as áreas temáticas possíveis.
- Suscitar a reflexão sobre as espantosas condições de vida de todos os animais usados e explorados pelo homem, desde os confinamentos para comercialização de carne e couro, aos laboratórios de vivissecção, além do negócio amoral dos canis ou maus-tratos aos animais domésticos.
- Formar grupos que possam depois sensibilizar a criação de uma cultura social sobre a importância da relação homem-animal, valorizando o papel do animal na formação do ser humano.

Uma lição de ética e compaixão.

53 Fonte e verdade

Janet Malcom, escritora da New Yorker, diz que qualquer jornalista que não tenha densidade obtusa ou seja cheio de si sabe que o que faz é indefensável. Qual seria o "fazer" jornalístico sobre o qual recai a definitiva sentença? A prática mais comum da profissão, a entrevista, responde ao colega Luiz Zanin Oricchio.

Ela entende que a relação entre repórter e fonte é assimétrica, e com grande prejuízo para a segunda parte. Todas as partes querem alguma coisa do outro. Um deseja a notícia, a história em primeira mão que poderá ser de grande valia na carreira. O outro aspira a uma certa notoriedade que apenas a divulgação de suas ideias em veículo de grande expressão pode garantir. É um jogo em que ambos têm o que lucrar como também a perder.

A fonte é a parte fraca na relação, acentua a polêmica escritora norte-americana. O jornalista é uma espécie de confidente que se nutre da vaidade, ignorância ou solidão das pessoas. É como quando uma viúva confiante que acorda um belo dia e descobre que aquele rapaz encantador e todas as suas economias sumiram. O indivíduo que consente em se tornar tema de um escrito não ficcional aprende, quando a matéria ou livro aparece, a própria dura lição. Ou seja, quando o produto da conversa vem a público, é comum a fonte descobrir que a relação mantida com o jornalista era baseada em um engodo. E que ele nunca teve a mínima intenção de divulgar o ponto de vista da fonte. Sempre teve em mente divulgar a própria impressão.

Mas eu não disse isso, alteraram minhas palavras, dizem. Ninguém publica nada literalmente. Por uma questão técnica, depoimentos devem ser editados. E a edição sempre corre o risco de ser tachada de tendenciosa. Às vezes é mesmo.

101 reflexões para evitar que sua empresa entre em crise

54 Gastronomia do bem

Eles pilotam com maestria suas panelas. Alguns *chefs* vão até o campo para, inicialmente, resgatar antigas culturas, mas com o tempo algo mudou. Trata-se de um hábito saudável a busca por vegetais mais frescos, cultivados sem agrotóxicos. *Chefs* têm deixado o calor e conforto de suas cozinhas e vão ao local do plantio. Um *chef* viu de perto as dificuldades por que passam os donos da agricultura familiar. Daí compreendeu os motivos de os produtos não chegarem às suas cozinhas. Faltam até meios de transporte.

O filho de um produtor, formado em Filosofia, conversou com um desses cozinheiros e daí nasceu uma feira de negócios para apresentar os produtores à sociedade paulistana. A batizada família orgânica funcionou tanto para um como para o outro lado da ponta. Eles passaram a observar as plantas que brotam espontaneamente para aproveitá-las na cozinha, como serralha, taioba, mangarito e araruta. Houve, assim, um resgate cultural.

A *chef* carioca Teresa Corção lidera um grupo empenhado em difundir a cozinha saudável, justa e sustentável. Em uma das muitas visitas às casas de farinha de Bragança, no Pará, ela conheceu o paneiro, espécie de cestinha feita de fibra e folhas de guarimã, usado no passado para conservar farinhas. A *chef* faz a farinha virar uma camada crocante sobre o bacalhau. Acontece que poucos idosos sabiam fabricar o paneiro e os jovens não se interessavam em aprender. Teresa foi ao banco, apresentou o projeto e conseguiu o patrocínio de oficinas de capacitação em 21 comunidades. Hoje, duas variedades de farinha de Bragança, a d'água e de tapioca, são vendidas em lojas voltadas ao público *gourmet*. *Chefs* como Teresa pilotam a gastronomia do bem.

Todas as empresas devem ficar sempre atentas às intempéries da economia como devem também estar antenadas a seu mundo como um todo, como fazem com maestria esses maravilhosos profissionais da gastronomia.

55 Gravura brasileira

Os retratos das pessoas ilustres, antes da fotografia, eram gravuras. Os artistas oficiais da academia faziam gravuras, andavam pelas repartições públicas, era uma prática comum. Como tinha essa finalidade, não era considerada artística. Tivemos alguns gravadores do século XIX que faziam não só retratos oficiais, mas trabalhos artísticos, no entanto a gravura explodiu no século XX.

Hoje a gravura brasileira, sem o menor ufanismo, está no primeiro time do planeta no seu conjunto e na sua repercussão. É o que garante o professor Leon Kossovitch, especialista em estética e artes plásticas da Faculdade de Filosofia, Letras e Ciências Humanas da Universidade de São Paulo (USP).

Nos anos 1920 e 1930 ninguém se interessava muito pela gravura, mas com o tempo aquilo tudo foi tomando fôlego. É preciso lembrar que houve uma invenção, lembra Kossovitch, e a Semana da Arte Moderna foi uma delas: "Não quero diminuir nada, mas a Semana da Arte Moderna foi um sarau sorocabano. Mário de Andrade queria a atualização da consciência artística do Brasil, o que significa isso em 1922? Trazer o que foi feito na Europa. Mas, em 1922, o Cubismo e o Expressionismo já estão estabelecidos, já são acadêmicos, páginas viradas. A Semana em certo sentido traz para o Brasil o que está academizado na Europa".

"Nesses anos ainda Oswaldo Goeldi muda a gravura. Muita gente começa a acreditar, e há artistas de São Paulo e do Nordeste que vão estudar no Rio. Marcelo Grassmann, Fayga Ostrower, Renina Katz, e no Sul, Carlos Scliar, se destacam. Muito móvel, a gravura segue vários caminhos e se internacionaliza. Evandro Jardim e Maria Bonomi também são reconhecidos. No resto do mundo praticamente a gravura desapareceu, só no Brasil é que não. É o campo brasileiro mais forte e que não faz concessões internacionais".

Conhecer a arte com profundidade é um hábito já incorporado nos alunos dos países europeus, o que não acontece por aqui. As empresas, por sua parte, devem tomar a iniciativa de ver a arte não como algo com retorno financeiro, mas como um investimento com retorno certeiro.

56 Imagem comprometedora

Nos meios de comunicação é comum ocorrer casos em que o repórter confunde seu trabalho com o veículo em que presta serviço. Embora haja polêmica a respeito, os tais veículos são prestadores de um tipo de serviço público.

Vender uma notícia não é o mesmo que colocar no mercado uma marca de refrigerante, vai além. Uma foto controversa postada no Facebook custou caro para a americana Lindsey Stone. Em outubro, ela visitou o Túmulo do Soldado Desconhecido no Cemitério Nacional de Arlington, na Virgínia, Estados Unidos, e tirou uma fotografia perto de uma placa de silêncio enquanto fazia gestos obscenos. A recepção da imagem na internet foi negativa.

O local onde Stone tirou a fotografia polêmica é uma sepultura que contém os restos mortais de militares não identificados e é dedicada a todos os soldados mortos em guerra. Esses locais costumam ser respeitados como monumentos nacionais.

Em resposta à indignação crescente, Stone tentou amenizar a polêmica: "Isso é apenas nós, os babacas que somos, desafiando a autoridade em geral. Assim como a foto que postamos na noite anterior, que me mostra fumando perto de uma placa de proibido fumar. Nós obviamente não queríamos desrespeitar as pessoas que servem ou serviam nosso país".

Uma página no Facebook foi criada logo em seguida com o nome Fire Lindsey Stone (Demitam Lindsey Stone), que contou com mais de nove mil curtidas. A página pedia que a americana fosse demitida de seu trabalho na Life, uma organização sem fins lucrativos que trata de adultos com dificuldades de aprendizado.

Revelou-se que a viagem de Stone para Arlington foi patrocinada pela empresa. A organização afirmou que "a foto não reflete nossas opiniões ou valores. Temos orgulho em ter veteranos em nossa equipe e no conselho administrativo, e valorizamos seus serviços. Os homens e mulheres que lutaram e sacrificaram suas vidas com altruísmo para proteger os direitos e vidas dos americanos merecem nosso respeito e gratidão. Nós sabemos que essa foto é um desserviço para os veteranos e estamos tristes que ela tenha sido compartilhada em um meio público".

A empresa publicou uma nova nota no Facebook, anunciando que os dois funcionários, a moça e o colega que tirou a foto, foram demitidos. "Nós ressentimos qualquer desrespeito aos militares e suas famílias. A publicidade do incidente foi frustrante para as pessoas que atendemos", dizia a nota. A diretora Diane Enochs afirmou que Stone era uma boa funcionária e que trabalhava no grupo havia 18 meses.

Fim do caso.

57 Índia e as mudanças do mundo

Ao andar pelas ruas da Índia, o professor Marcos Fava Neves, da Faculdade de Economia, Administração e Contabilidade de Ribeirão Preto (USP), país de mais de 1,2 bilhão de habitantes, com crescimento de 2 milhões de pessoas por mês ou mais de 20 milhões em um ano, constatou que se trata de um país único.

É a quarta maior economia mundial baseada em uma paridade de poder aquisitivo e que cresce de 6% a 10% ao ano em termos de PIB; pode-se imaginar que num prazo de dez anos teremos o equivalente a mais uma Índia no mesmo local: "É uma grande economia de pessoas ainda pobres, tendo padrões de consumo muito diferentes. Essa característica leva muitas pessoas a consumir produtos apenas ocasionalmente ou em pequenas porções. Isto é, para a maioria daquela população, um negócio com pequenas margens, mas grandes volumes".

Cerca de 400 milhões de pessoas na Índia sobrevivem com uma renda diária de US$ 1,25. É um país com mais de 60% de sua população vivendo em áreas rurais, o que é um grande desafio. Um país ainda muito novo. Enquanto os chineses, que são 1,3 bilhão de pessoas, convivem com uma política de se ter apenas uma criança por casal, imposição revogada em novembro de 2015, a Índia cresce rapidamente e hoje possui cerca de 600 milhões de pessoas com idade abaixo dos 25 anos e 225 milhões entre os 10 e 20 anos. A Índia terá, no futuro, uma grande quantidade de pessoas em idades aptas ao trabalho, e esse é um fator muito competitivo.

Para o professor, a Índia é um país fascinante. Será ali que veremos as reais e mais rápidas mudanças do mundo. O país possui uma tendência a fazer crescer fortemente sua participação nas importações mundiais de alimentos e, definitivamente, ser uma das superpotências na economia mundial. É ver para crer.

58 Indústria cultural x jornalismo

O jornalismo está curvado à indústria cultural, isso sem considerar a internet e as inovações tecnológicas. Essa submissão se deve à força da indústria e à preguiça de alguns jornalistas, falta de preparo e discernimento em algumas redações. Fatores que conduziram a isso? Um problema de formação dos jornalistas e das escolas de má qualidade. Palavras do colunista Sergio Augusto, do Estadão, que começou sua carreira aos 18 anos no Correio da Manhã com Carlos Heitor Cony, Otto Maria Carpeaux e toda uma fauna poderosa, com quem aprendeu muito: "Sinto falta desse convívio, dessa troca de aprendizado na imprensa de hoje".

Editores têm culpa de as pautas serem sempre as mesmas, giram em torno desse universo, das mesmas fontes, prosseguiu, em entrevista à revista É. Acha que há festivais de cinema demais no País. Diz sentir falta de espaço nos jornais para discussões desse tipo. Hoje parece que todas as publicações foram pautadas pela mesma pessoa. Entre escolher um filme brasileiro e o último lançamento de *Batman* na capa adivinhem quem vai para a capa do caderno de cultura? *Batman*, sem dúvida.

Em 1965 quando editava o segundo caderno do Correio da Manhã, teve à sua disposição uma primeira página limpinha, sem publicidade: então não pensou duas vezes entre ocupá-la com umas fotos maravilhosas de leões africanos que acabara de receber, e noticiar um *show* musical sem *pedigree* que estava estreando na Zona Sul do Rio.

Distribuiu as fotos na página, escreveu um texto sobre a magnificência dos felinos e sua importância na cultura ocidental e, à guisa de título, declinou a palavra leão em latim (*leo, leonis*), e estampou na vertical, no canto da página. Fez o maior sucesso. Hoje, se fizesse aquilo seria demitido ou, no mínimo, tachado de louco pelo editor-chefe.

Os tempos, como se vê, são outros. No entanto, nada de saudosismo, importante é fazer como as empresas encaram a sua rotina, adaptam-se às novas situações que nos são oferecidas como desafios, mas tem que saber como enfrentar tudo isso com a certeza de que, no fim, tudo vai dar certo.

59 Instinto de repórter

Ao receber o troféu mulher imprensa, vencedora da categoria repórter de *site* de notícias, Elvira Lobato, ex-Folha.com, falou ao Portal Imprensa sobre a essência dessa função. Aposentou-se da Folha, onde ficou por 25 anos e um grande trabalho lhe rendeu o prêmio Esso de Jornalismo em 2008, com reportagem sobre o crescimento do patrimônio da Igreja Universal. Escreveu também o livro *Instinto de repórter*.

Nascida no interior de Minas Gerais, foi para o Rio de Janeiro 40 anos atrás. Foi repórter *full time*. Pretende dar aula para passar aos alunos um pouco do que aprendeu nas redações de jornais diários. A seguir, uma síntese de seu pensamento.

Os elementos de uma boa reportagem? Tem que trazer algo novo. Algo que ninguém conheça até então, ou se for um assunto conhecido, que traga uma abordagem de um outro ângulo, mas trazendo à luz algo novo. A novidade é a essência de nosso trabalho.

A atratividade é importante também. O jornalista tem de cuidar de diversos aspectos como texto, foto e arte, tudo é importante. A apuração tem de ser feita de todos os ângulos e focos, até esclarecer todas as dúvidas. Tem que ser relevante, buscar o interesse do leitor e um enfoque que não tenha sido dado.

O jornalismo se renova todos os dias. O jornalismo é o eterno jovem. O jornalista por sua vez tem de ser humilde. Todo dia é um novo dia. Tem de chegar sempre com um olho aberto, curioso, empolgado e com a consciência de que sabemos muito pouco. Grande Elvira Lobato! Suas lições são importantes, tanto para empresas jornalísticas como para aquelas de todo ramo de atividade, porque ela mexe com os desafios que nos são apresentados e vai em frente.

60 Jornal das esquinas

Todos os dias a distribuição de dois tabloides é feita ao longo da Avenida Paulista, em São Paulo, detidamente nas esquinas: os jornais Destak e Metro, ambos originalmente de capital internacional.

O tabloide Metro tem traços de subjetividade, concisão e escolhas lexicais que despertam a atenção do público que o recebe gratuitamente. Foi o que apontou a pesquisadora e, agora, mestre em Língua Portuguesa Laryssa da Silva Santos, na Faculdade de Filosofia, Letras e Ciências Humanas da USP.

O que se procurava era entender as características discursivas do periódico. A professora Laryssa viu que seus alunos gostavam de ler o jornal, ligado à rede Bandeirantes, com pequenas notas.

Ela queria estender o estudo para entender qual o discurso do jornal ao tratar das minorias sociais. E comprovou que formas de preconceito como sexismo e racismo estão incorporadas, mesmo que discretamente, em notícias sobre fatos cotidianos: "Concluímos também que nem sempre o poder é exercido por meio de atos obviamente abusivos praticados por membros de um grupo dominante. Antes, pode estar incorporado num grande número de ações consideradas rotineiras", explicou a pesquisadora, que quer estudar agora o problema da imparcialidade no jornalismo.

Imparcialidade é algo bastante difícil de ser examinado com isenção. É diferente do que acontece com a venda de um produto palpável, algo com que possamos manipular, no bom sentido, porque a imparcialidade é subjetiva, daí a dificuldade em se medir. Vai ter bastante trabalho pela frente, vamos acompanhar.

61 Jornais empresariais

O trabalho de informação é parte do processo da comunicação organizacional. Companhias investem em recursos modernos para alcançar produtividade, qualidade e, assim, melhorar a competitividade. Quanto mais a empresa se comunica, maior é o resultado em todas as suas etapas. Analisar a recepção desse tipo de mídia foi a tarefa a que se propôs a professora Marlene Branca Sólio e que resultou no livro *Jornalismo organizacional – produção e percepção* da Summus Editorial.

Em seu trabalho, a pesquisadora gaúcha se debruçou sobre dois jornais empresariais. Notou que são pobres em pautas e que falta qualidade na produção de textos. E tudo isso ocorre devido à ingerência de leigos no assunto que se investem na autoridade para riscar, rabiscar e discutir como fazer. Resultado: pautas reduzidas, textos repetitivos e sem técnica jornalística, o que desmotiva o leitor.

Acontece que existe hoje um conceito de que as companhias exigem uma contrapartida pela exploração do meio ambiente e da mão de obra. As organizações se compõem de múltiplos fins, com responsabilidade social, legal e sujeitas à vigilância e ao controle da sociedade. Cabe ao comunicador, portanto, cuidar da imagem da organização e isso requer desenhar o processo a partir de mudanças alicerçadas na transparência e no respeito. E é nesse momento que entra em cena o jornal empresarial. Infelizmente a maioria das empresas ainda não se deu conta de que seu jornal é um difusor da cultura e da ideologia organizacional, mantendo-o atado a seus interesses mesquinhos. O jornalismo empresarial está ligado, portanto, a uma política de comunicação bem definida e orientada.

Assim, ganham todos.

101 reflexões para evitar que sua empresa entre em crise

62 Jornalismo romântico

De 1960 a 1990 Edson Flosi atuou como jornalista, depois trabalhou como advogado e professor universitário. Contou ter feito 500 reportagens e selecionou 15 no livro *Por trás da notícia – o processo de criação das grandes reportagens*, da Summus Editorial.

Ao dar aula descobriu que os alunos tinham muita dificuldade em escrever reportagens e preparar as grandes histórias. Como tinha participado da última geração do jornalismo romântico, praticado por intelectuais e autodidatas, lembrou que as marcas eram as velhas e pesadas máquinas de escrever, os vidros de cola branca para unir laudas e retrancas, as matérias descendo para a oficina, a companhia dos telefones chamando a redação barulhenta, o frenético fechamento do jornal, o amor à reportagem e a um bom texto.

Naquele tempo o jornal terminava o expediente por volta das 21 horas, repórteres, redatores e editores formavam grupos para discutirem o jornal, literatura, histórias, política e outros assuntos. Iam embora, mas não direto para casa, para os bares, às vezes se excediam nas noitadas boêmias.

No livro, Flosi conta como escreveu as reportagens. Algumas vezes era enviado especial ao arquivo, sim, ao arquivo do jornal, para resgatar velhos casos não solucionados pela polícia. Para contar como o caso tinha sido, ele se valia de suas fontes, resgatava o caso para os dias em que estava vivendo e atualizava os dados curiosos e algumas vezes mais misteriosos ainda com o passar do tempo. São histórias que podem e devem ser lidas com o mesmo interesse do tempo em que foram publicadas, todas magníficas e que não parecem datadas, ao contrário, dão a impressão de que estão acontecendo aqui e agora. Mistérios de um jornalista ele mesmo romântico e apaixonado.

Empresários devem conhecer bem os jornalistas com os quais vai falar, ou mesmo contratar, para fazer a sua comunicação. Isso porque, como nos velhos tempos, todo profissional da comunicação carrega algo tão necessário como o ar: Ética.

63 Jornalistas esportivos 1

Quem diz é uma autoridade no assunto, o colega Alberto Helena Júnior, que passou por O Cruzeiro, Folha, Jornal da Tarde, atualmente colunista no Diário de São Paulo e SporTV. Falou sobre o jornalista esportivo: "O jornalista esportivo, em geral, é mal preparado. Quando eu era chefe de redação e chegavam os *foquinhas*, a primeira coisa que eu fazia era dar três livros para lerem sobre o assunto, porque mexia com técnica de jornalismo, com o texto, com o conhecimento básico da história do futebol. Além disso, eu os mandava fazer pesquisa no arquivo do jornal sobre o Leônidas Silva, por exemplo, e me trazer um texto que eu não iria publicar, obviamente. Não é possível que uma matéria de futebol, que tem como nutriente básico o mito, o ídolo, o ícone, seja desprovida de conhecimento histórico. Isso é essencial. Os caras não sabem nada e não se preocupam em aprender, o que é o mais grave. Eles estão mais preocupados em fazer o *show*nalismo, de conflitos de celebridades. Qualquer frase besta que um jogador falou se transforma em manchete, em polêmica, eles acham que isso dá audiência. Aqui entra outra questão básica, que é a função do jornalismo hoje em dia e o caminho que há pela frente. O que era o jornalista até a internet? Era um sujeito preparado, que estudava, que sabia se comunicar pela palavra falada ou escrita, que se especializava num assunto e levantava questões para que a opinião pública refletisse sobre aquilo e formasse a sua própria opinião. Essa era a função básica do jornalismo".

Ainda Helena Júnior: "Com a internet, com a interatividade, houve uma inversão. Hoje quem dita o tema, o texto e a questão é o cidadão, não é o jornalista. Há internautas que podem estar preparados para falar do assunto, mas a maioria não está. Se nem os especialistas estão, quanto mais os não especialistas. O jornalista, por sua vez, que deveria formar a opinião pública, não está nem um pouco preocupado com isso. Ele quer é mexer com essa opinião pública e ganhar sua audiência. Esse é o caminho certo para o buraco final do jornalismo no Brasil e no mundo".

Alberto Helena Junior faz como as empresas a toda hora, ou seja, entra numa espécie de mea-culpa, dá mão à palmatória diante da situação rotineira em que se vê quando perde a discussão. E parte para outra. Falou tudo.

101 reflexões para evitar que sua empresa entre em crise

64 Jornalistas esportivos 2

Em jornal o texto é levado ao editor, que tem todo poder para fazer observação, discordar, aprovar e publicar – ou não. Mas, em assessoria de comunicação, o texto é submetido às fontes ou a alguém autorizado, de maneira geral alguém mais graduado na companhia. Na Alemanha já se começa a questionar esse tipo de procedimento, prática que está levando os jornalistas a um clima de total insatisfação.

Colega de correspondente brasileira mostrou certo desconforto pela prática de submeter seu texto a diretores das empresas para ser validado. Em vez de apenas checar se nada foi distorcido, alguns desses assessores de diretoria aproveitam para censurar frases ditas de que se arrependeram mais tarde.

A discussão começou quando um jornalista alemão publicou em seu blogue que havia entrevistado uma jogadora da seleção alemã de futebol e o empresário da atleta havia descaracterizado o trabalho. Entre os trechos retirados havia uma questão polêmica sobre relacionamento homossexual no futebol.

A revista semanal alemã tem em seu regulamento interno cláusula que determina que toda reportagem deve ser, necessariamente, submetida a seus entrevistados ou assessores dessas mesmas fontes. Por aqui não há essa prática. Os jornais e revistas não fazem esse tipo de exigência. Quem submete o trabalho ao chefe imediato é jornalista de assessoria, o que explica a péssima qualidade dos textos empresariais.

O vento que sopra da Alemanha pode ser bom indício de que as coisas podem mudar.

65 Missão da notícia

As universidades não devem apenas formar jornalistas, mas produzir jornalismo significativo ao abraçar uma missão de levar a notícia para a comunidade. É o que recomenda um documento da Universidade de Maryland, nos Estados Unidos, após conferência sobre jornalismo interativo e mídias digitais. Os autores ensinam que as universidades deveriam copiar o método de hospitais de ensino, que não se limitam a palestras para estudantes de medicina, mas incluem o tratamento a pacientes e pesquisas.

Programas de jornalismo devem ir além de ensinar jornalismo, produzindo reportagens e serviços como laboratórios de inovação, recomenda ainda o estudo. Deve-se mudar a conduta de educadores para que sejam provedores de notícias confiáveis. E para que isso aconteça, os autores do estudo dizem que as universidades deveriam buscar apoio do governo federal, de fundações comunitárias, legisladores e da indústria da mídia, tudo para sustentar integralmente este objetivo.

Alunos de Berkeley escrevem para três *sites* de notícias regionais cobrindo Oakland, Richmond e São Francisco. O News Outlet tem cobertura de três universidades e quatro parceiros da mídia. Os programas de jornalismo também já começam a montar seus próprios serviços de notícias, enfatizando reportagens que falam do empreendedorismo, multimídia e jornalismo *online*.

Já é um bom começo, bom não só para a vida acadêmica, mas para fora dos seus limites também, porque mostra que na vida das empresas é preciso mirar bem no alvo e ver o que está ali à nossa frente, quem sabe perceber que há assuntos não perceptíveis, ocultos, mas somente à primeira vista.

101 reflexões para evitar que sua empresa entre em crise

66 Muitas plataformas

Primeiro foi uma produtora de vídeo, depois se tornou uma empresa de comunicação com várias agências, como propaganda, internet, evento, conteúdo e relacionamento corporativo. "Fomos percebendo que o nosso grande diferencial era o conhecimento da comunicação. Até hoje é. O que apuramos em todos esses anos foram os conhecimentos das estratégias de comunicação: como nós podemos fazer diferença para as empresas e para as marcas", ensina o jornalista Sérgio Motta Mello da TV1.

"Quando começamos, a comunicação era um patinho feio. As áreas eram muito menos importantes. Hoje, a comunicação é uma ferramenta estratégica para as empresas. Elas precisam conhecer profundamente seu negócio e precisam conhecer a comunicação que é cada vez mais essencial para o negócio", disse Mello.

Comunicação e *marketing* estão cada vez mais integrados, trabalhando juntos, hoje com escritórios em São Paulo, Rio e Brasília e empregando cerca de 600 pessoas. "Antigamente, eram áreas totalmente separadas. O vídeo começou a democratizar o negócio da comunicação e a internet turbinou mais ainda. E hoje vivemos numa sociedade em rede, em que essas ferramentas são importantes. Mas, por mais que sejam, o que realmente faz diferença para os clientes, para as marcas e empresas com as quais a gente trabalha é ter o conhecimento da comunicação. A tendência da integração é cada vez maior".

Muitas plataformas, mas um só negócio.

67 Notícia digital

Empresas jornalísticas passam a reescrever a si mesmas, pois vivemos uma fase de realinhamento, reestruturação, novas estratégias, coisas que soavam melhor que o pânico em 2009, quando 4.000 profissionais foram expulsos das salas de redação dos Estados Unidos. Os leitores ficaram numa situação ainda pior, ao receberem menos notícias nos últimos dez anos, pois neste período mais de 10.000 jornalistas perderam seus empregos.

Enquanto isso, 40% dos americanos citam a internet como uma fonte diária de rotina em sua rotineira busca de notícias, tanto nacionais quanto internacionais. Pessoas com menos de 30 anos escolhem a internet como sua principal fonte. A TV perdeu seu espaço, pois os pesquisadores constataram que os jovens ficam 60% menos tempo que seus pais em frente à telinha, e também ficam mais *online*.

Dados que estão no livro *Newsonomics – Doze novas tendências que moldarão as notícias e seu impacto na economia mundial*, sobre a importância do novo cenário, em constante transformação, dos jornais que encolhem dia após dia e das notícias digitais disponíveis 24 horas na mídia global, de Ken Doctor, editoras Cultrix/Meio & Mensagem.

Para o autor, as notícias e a economia são os dois grandes problemas. À medida que novos modelos de economia se desenvolvem, surgem novas maneiras de pensar a respeito da produção da notícia. As empresas de jornais extrapolam o poder de contar histórias em áudio e vídeo. São mais de 1.500 jornais, a maioria pertencente a cadeias.

Em 2009, o Rockey Mountain News, aos 150 anos de vida, fechava suas portas sem direito ao aviso de que "estaremos *online* e enviaremos notícias para seu celular". Em quase 100 cidades americanas seus diários não circulam mais. As notícias agora navegam *online*. As mídias tradicionais não se adaptaram ao novo mundo comandado pelo Google, Facebook, iPhone e outros.

As novas mídias estão levando novas formas de informação aos seus leitores. Cada jornal tinha um crítico de cinema. Hoje são mais de 100 críticos que oferecem *online* todos os tipos de comentários sobre filmes. Alguns *sites* vão além, ao oferecerem até reservas de poltronas em algumas salas de exibição. O que leva o autor a recorrer a Albert Einstein, que ensina que não podemos resolver os problemas com o mesmo tipo de raciocínio que usamos quando os criamos. É que, em outras palavras, os tempos são outros.

68   O aviso da natureza

Algumas tribos primitivas das ilhas de Andaman e Nicobar, no Golfo de Bengala, conseguiram sobreviver ao maremoto que um dia arrasou o sudeste da Ásia. Isso graças a um velho e bom hábito de observação da natureza. O povo fica sempre atento ao canto dos pássaros e à mudança de comportamento dos animais marinhos, e foi assim que os jarwas, onges, shompens, sentenaleses e andamaneses perceberam a iminência de uma catástrofe e buscaram abrigo nas florestas do interior do arquipélago.

São comunidades pequenas. Onges são em número de 100. Shompens não passam de 200. Jarwas são 270. A Inspeção Antropológica da Índia temia pela sobrevivência desses povos. Para que futuras catástrofes sejam evitadas nas áreas litorâneas, a entidade sugeriu que as técnicas utilizadas pelos aborígenes indianos sejam devidamente estudadas.

É uma velha e boa lição para todos nós que trabalhamos com a comunicação. Temos de estar atentos a todas as mudanças, perceptíveis ou não; o importante é estar ligado para evitar surpresas que nunca avisam quando vão chegar. Ou quando vão voltar, como as crises, que são cíclicas no mundo corporativo.

69 O entrudo

Carnaval, tradição pagã que atravessou séculos, foi uma exceção em Portugal, ao contrário dos demais países europeus com seus refinados bailes de máscaras.

No século XVII nas ruas de Lisboa o povo corria de um lado para outro atirando ovos crus, farinha, substâncias menos limpas, água. Lisboetas e moradores do Porto participavam assim, algo característico da Península Ibérica. E nesta época chegou por aqui, no Rio de Janeiro, essa figura estranha.

Não havia música nem dança, mas muita bebida e correria, perseguições, sujeira e violência. Mereceu por parte das autoridades rígidos alvarás e proibições da brincadeira pelos problemas que acarretava, como contusões e cenas vexatórias.

Limões de cheiro, pequenos artefatos com forma e tamanho de uma laranja, feitos de cera fina, com água suja e outras impurezas eram atirados nos foliões. Ao se romperem provocavam risos e quase sempre confusão.

A figura ganhou um nome: entrudo. Proibia-se de toda forma e maneira, mas quando era anunciado o Carnaval, famílias inteiras mobilizavam-se na preparação dos limões de cheiro. O comércio punha à venda as seringas e bisnagas usadas para dar banho e havia expectativa nos três dias de folia, quando a ordem era molhar, sujar, melar, conta a historiadora Rachel Valença.

Não era brincadeira dos despossuídos: as classes média e alta também aderiam à loucura. D. Pedro I e D. Pedro II foram adeptos dos limões e seringas. No carnaval de 1825 uma mulher atirou um limão de cheiro no cortejo de D. Pedro I e foi presa.

As autoridades ficavam loucas, não sabiam como combater o entrudo. Houve inúmeras proibições. A imprensa atacou. Houve campanhas educativas. Em vão. Depois dos limões vieram os revólveres e relógios que esguichavam líquidos suspeitos. Isso tudo era novidade na cena carioca.

O prefeito Pereira Passos viu que sua cidade se civilizava. E que adquiria uma nova mentalidade. O confete, a serpentina e o lança-perfumes passaram a ser os objetos preferidos dos foliões. Tudo compatível com as novas avenidas que eram abertas, e que possibilitavam uma forma mais elegante e requintada de brincar.

Uma lição da História e da Comunicação para os dias de hoje.

101 reflexões para evitar que sua empresa entre em crise

70 O gosto do jornalismo

Em tempos idos que se perderam na memória, jornalista especializado em gastronomia revelou para os amigos que seus órgãos internos estavam comprometidos, tal o volume e variedade de pratos que era obrigado a degustar, e não só comida, mas, também vinho, cerveja, conhaque e tudo o que lhe era servido à mesa.

Antes também não se revelava a identidade: o jornalista ia aos restaurantes e, como hoje, dezenas de críticos de gastronomia circulam anonimamente, às vezes, nem tanto, por bares, restaurantes e lanchonetes para provar novidades e contar aos seus leitores se o resultado foi bom ou ruim. Na imaginação dos leitores trata-se de sujeitos rechonchudos que comem e bebem do melhor sem botar a mão no bolso. Mas esta é a realidade?

A revista Imprensa acompanhou Mauro Marcelo, editor de gastronomia e vinhos da Gula. O repórter vai, come, pede a nota, paga e, somente no final, identifica-se. Visita a cozinha e vê o nível de higiene. Conta que um dia foi a um dos restaurantes mais caros do País e comeu um risoto fantástico, só que estava duro demais, achou que ia quebrar um dente. Chefe italiano morre de medo de alguém escrever que ele não fez uma pasta ou risoto *al dente*.

Bruno Leuzinger, editor de gastronomia do Guia 4 Rodas, desvenda ao longo do almoço as etapas de uma refeição com análise crítica, a começar pelo cardápio. Ele evita o uso de azeite ou algum tempero adicional sobre o prato e come do jeito que ele vem para avaliar com mais precisão.

Ricardo Castilho, editor-chefe da Prazeres da Mesa, disse que "tem gente que gosta de cozinhar, tem gente que gosta de comer e tem gente que é jornalista, são coisas totalmente diferentes. Acho meio preocupante dizer: quero ser jornalista de gastronomia. Alguns querem trabalhar com gastronomia, mas quando chegam à redação começam a fazer coisas de jornalismo, ou seja, apurar, checar informações e aí não gostam". Ao ser perguntado "como posso entender mais de vinho", ele responde simplesmente: "Bebendo! ". E completa: "Como vai falar que no Fasano a massa lembra aquela feita na região de Apúlia? Tem que ir à Itália e conhecer, isso é caro, mas não tem outro jeito".

Especialistas como os repórteres de gastronomia são algo recente em nossa imprensa. Um campo novo que se explorou, como na vida empresarial, em que a procura da novidade é algo constante, incessante, sob a pena de se não fizermos algo e rápido, ficarmos velhos em prazo curto de tempo.

Rivaldo Chinem

71 O homem-cavalo

Parecia inverossímel, mas ele existiu, era um rapaz de altura mediana, tendia para o obeso e tinha preso em sua cintura, nas costas, literalmente um rabo de cavalo. Andava apressado, eu o vi algumas vezes no largo do Paissandu, centro de São Paulo. Foi matéria de página inteira do jornal Repórter, da imprensa alternativa, com o título "O homem-cavalo". Entrevistado, ele disse que sua mãe havia feito promessa para que ele não morresse ainda no berço e daí a estranha vestimenta. A matéria valia porque era tempo da ditadura militar e o último ocupante do posto, general João Baptista de Figueiredo, afirmara preferir o cheiro dos cavalos ao do povo.

Reportagens como esta e outras eram feitas com um objetivo, o de mostrar a quantas andava o brasileiro, que vivia sob pressão do grupo que tomou o País de assalto por 21 anos, algo que, esperamos, nunca mais volte a acontecer. Soube que há inúmeros trabalhos de conclusão de curso em jornalismo sobre o assunto. Pessoas procuram jornalistas que trabalharam no jornal Repórter, no Rio de Janeiro, o que mostra grande interesse por parte dos futuros colegas de profissão em saber como era o trabalho de rotina de uma redação.

Jornais feitos pelos jovens de hoje não têm procurado apresentar reportagens originais, eles fazem sempre as mesmas matérias que estão nos telejornais ou nos diários de maior circulação como Folha, Estadão e O Globo. Só o nome dos jornais tem alguma tentativa de parecer diferente, as pautas são sempre iguais, monótonas, questionam as novas mídias, o desaparecimento dos informativos impressos, as redes sociais, enfim, batem sempre na mesma tecla, tocam o que grande Tom Jobim chamou de "samba de uma nota só".

Moçada, criatividade não faz mal a ninguém.

72   O mercado das customizadas

O fechamento de vários títulos de revistas é indicação de períodos de transição dos veículos jornalísticos, aliado ao fato de que sempre há empresas interessadas em expor seus valores e dialogar de forma mais aproximada com seu público e, por isso, recorrem à comunicação. E podem atingir o alvo das revistas customizadas, cujos editores destacam seus benefícios como da contratação de serviço que vão além do retorno financeiro. A revista Imprensa abordou o assunto.

Paulo Lima, sócio-fundador da Trip Editora define customizadas como as publicações feitas sob medida para empresas expressarem a identidade da marca. A Trip atende a Natura, que combina conteúdo com catálogo, e vai até publicações mais conceituais ligadas à construção da marca, como Itaú Personnalité e Audi: "Boa parte de nossos clientes tem como objetivo, ao fazer uma revista ou conteúdo digital, dizer para o mundo muito mais do que tem para vender, mas o que tem como sentimento, como alma".

Responsável por 18 publicações, entre elas as revistas da Drogaria São Paulo, da Piccadilly e do Shopping Center Norte, Sandra Teschner define: "A revista como meio de comunicação gera valor à marca e aos produtos". Já a diretora da Editora Globo, Roberta Ristow, observa que quando uma empresa decide fazer um produto customizado, o lucro não deve ser o principal objetivo, já que o aumento da lucratividade acontece de maneira natural.

Celso Hey, editor de 17 revistas customizadas, contou que em uma publicação para o supermercado Dia em São Paulo uma professora disse ter gostado tanto da revista que levou vários exemplares para fazer com seus alunos trabalho escolar com as matérias da edição. No mês seguinte as fotos da escola e do trabalho dos alunos entraram na revista como assunto de reportagem, gerada a partir de uma carta postada no Correio.

73 O palhaço

O palhaço mudou, está mais mímico e menos falante para dar seu recado ao respeitável público em picadeiros e palcos maiores. Os esquetes circenses dão lugar a um espetáculo mais cênico, a improvisação diminui.

Atualmente qualquer pessoa pode se tornar palhaço, com o devido respeito, uma vez que aumentaram as escolas de circo e as técnicas de representação não são mais exclusividade das famílias circenses tradicionais. Há uma nova geração de atores-palhaços que assumem múltiplos papéis, porque além de fazer graça eles têm de interpretar dramas no teatro, são diretores e dramaturgos.

O professor Walter de Souza Junior, da USP, que observou no chamado circo contemporâneo a realização de grandes espetáculos com música marcante e um tema que serve como fio condutor aos vários números acrobáticos, de malabarismo, apresentação de palhaço, entre outros, cujo grande expoente mundial é o canadense Cirque du Soleil.

Para outro especialista, o professor Mario Bolognesi, da Universidade Estadual Paulista Júlio de Mesquita Filho, a Unesp, de fato o palhaço e todos os demais artistas de circo abandonaram a oralidade para interagir com a música, que é o tema do espetáculo. Ele observa que há sim uma tendência de uma poética não fundamentada no critério da montagem de atrações que de certa forma pautou o circo durante o século XX.

Se até o palhaço mudou, por que não pensarmos nisso a cada ação nas empresas nas quais trabalhamos? Fica a questão; com você, leitor, a resposta.

101 reflexões para evitar que sua empresa entre em crise

74 Objetividade do entrevistador

Autor do documentário *Garrafas ao mar*, sobre a vida de Joel Silveira, seu parceiro em alguns livros, o jornalista Geneton Moraes Neto, 40 anos de carreira, faz algumas considerações sobre a entrevista. À revista Imprensa, o ex-editor do Jornal da Globo e ex-chefe do escritório da emissora em Londres diz que prefere ir para a rua entrevistar um flagelado da seca a ficar em sala de reunião discutindo pautas.

Ainda menino escrevia para o suplemento infantil do Diário de Pernambuco e um dia, ao visitar a redação, teve o impacto olfativo e visual de um jornal de verdade. O barulho das máquinas, todo mundo fumando, aquilo o marcou muito. Acha que bom jornalismo é o que incomoda alguém: "O poder não gosta de ser incomodado, e eu não digo só o poder político, mas o das celebridades também. Precisamos de um choque de jornalismo. Eu acho essas entrevistas de celebridades um desfile constrangedor. Entrevista tem de ser um instrumento de prospecção e revelação, nunca de congratulação".

Jornalista não pode deixar que inclinações ideológicas contaminem o trabalho. Geneton diz ter visto exemplos terríveis: "Tem jornalista que se recusa a entrevistar Fidel Castro porque ele é um ditador comunista. Outros não entrevistariam o ex-presidente norte-americano George W. Bush porque ele invadiu o Iraque". Disse ter visto jovem jornalista derrubando matéria mesmo antes de sair para apurar, já começa botando defeito na pauta, dizendo que o assunto é velho, mas segundo ele não existe assunto velho, o que existe é jornalista desinteressante: "Garanto que o mundo real é dez vezes mais interessante que o mundinho dos jornalistas".

Geneton é manhoso, sabe escutar, está atento ao que se passa a seu lado. Como deve ser qualquer profissional. A empresa onde ele trabalha, a GloboNews, tem como *slogan* "não para nunca".

75 Os caminhos do frila

Antes de se tornar jornalista *freelancer*, Maurício Oliveira trabalhou em São Paulo nas redações da Gazeta Mercantil e da Veja. Voltou para Santa Catarina e faz de quatro a cinco trabalhos por mês: 85% matérias que faz sob demanda, 15% por sugestão sua.

Salvador Nogueira, também frila, produz para as editorias de Ciências, Ilustrada e Folhinha da Folha, e é ele quem não recomenda começar a carreira desse jeito, acha que é melhor iniciar nas redações para depois se tornar conhecido.

O diretor de redação da revista Galileu, Emiliano Urbim, ensina aos candidatos a frila que mandem *e-mails* bem feitos, porque os genéricos que são enviados às centenas eliminam qualquer possibilidade de prosseguimento da conversa.

O redator-chefe da revista Vip ensina que o pretendente a frila deve estudar bem a publicação, ver qual é a pauta, as imagens, os *boxes* e os infográficos. De modo geral, as revistas já trabalham com equipes experientes e enxutas. Mas os frilas são verdadeiras mãos na roda por demandas extras.

Alessandre Versignassi, diretor de redação interino da Superinteressante calcula que metade da revista é feita por frilas. Ele mesmo desanima quem quer fazer parte das redações ao assegurar que em alguns casos, certos frilas ganham mais do que funcionários contratados. Acha que é mais fácil em alguns casos montar uma empresa e virar empresário do próprio trabalho. É a tendência de hoje.

Portanto, frilas, ao trabalho! E que ele não falte nunca.

101 reflexões para evitar que sua empresa entre em crise

76 Os *press releases*

O programa Estudo Jornalismo Digital chegou à quarta edição, realizada pela agência internacional Oriella PR Netword, e entrevistou 55% dos quase 500 jornalistas do Brasil, Estados Unidos e Europa. "Nossa pesquisa mostra que a primeira fonte dos jornalistas ainda são os *press releases* das assessorias de imprensa. O Twitter não é usado como base no início, mas é o preferido pelos profissionais para confirmar fontes", diz Pedro Cadina, diretor da agência de comunicação ViaNews.

Jornalistas disseram utilizar o Twitter para divulgar informações na rede, atingindo o maior índice desde quando o estudo começou a ser feito, em 2008. A pesquisa demonstra que tanto no Brasil quanto nos demais países abordados, a preferência pela mídia *online* já supera a da mídia *offline* como os meios impressos, de radiodifusão e agências de comunicação.

A informação está no último número da revista Negócios da Comunicação dirigida por Audálio Dantas. Devido à expansão das mídias sociais, este ano o estudo inseriu perguntas que tentavam investigar como as ferramentas estavam sendo utilizadas dentro das redações. Quando perguntado aos 84 jornalistas brasileiros sobre o uso dessas ferramentas como fonte de informação e checagem, obteve-se o seguinte resultado: 66,67% afirmaram que usam o Twitter, além de manter o microblogues como meio para divulgar suas próprias publicações. Em segundo lugar está o Facebook com 58,33%, ao lado dos blogues, que atingem 57,14% dos entrevistados. As agências, por sua vez, aparecem como fonte para 50% dos jornalistas do País. Entretanto, quando se fala em fontes oficiais, cerca de 62% recorrem primeiro às assessorias de imprensa e 59% vão em busca de porta-vozes das empresas.

No Brasil, 32,14% dos repórteres usam o *press release* como primeira fonte, seguido dos *sites* com 16,67% e, então, os porta-vozes com 14,29% das respostas. Cadina aponta para a boa utilização das mídias sociais pelos jornalistas, que devem se pautar pela confiabilidade e credibilidade da fonte: "As redes sociais são como as ruas de uma cidade, você entra no lugar que quiser, esse é o problema".

77 Os sertões

"Canudos não se rendeu. Exemplo único em toda a história resistiu até o esgotamento completo. Expugnado palmo a palmo, na precisão integral do termo, caiu no dia 5, ao entardecer, quando caíram seus últimos defensores, todos morreram. Eram quatro apenas: um velho, dois homens feitos e uma criança, na frente dos quais ruíam raivosamente cinco mil soldados".

Assim, Euclides da Cunha, ao partir de um projeto historiográfico e etnológico, construiu uma extraordinária epopeia em prosa, em que os heróis são aqueles patrícios indomáveis, que resistiram até o último homem para defender seus valores e suas crenças. Resgatando o tempo e trazendo à luz a grandeza épica presente em um dos episódios mais sombrios da história brasileira, *O sertão* se tornou, assim, uma obra fundamental para a consolidação de uma consciência lúcida de nossa identidade como povo e cultura.

O professor José Maurício Gomes de Almeida, da Universidade Federal do Rio de Janeiro, traça o perfil de Euclides da Cunha, publicado em 2011 pela Imprensa Oficial na série da Academia Brasileira de Letras.

Millôr Fernandes e Rubem Braga um dia pegaram um *jipe* e percorreram todo o trajeto descrito pelo autor de *Os sertões*, só que não anotaram nem registraram nada, infelizmente.

A vida de Euclides da Cunha foi igualmente rica. Nasceu em Cantagalo (RJ), morou em Salvador (BA) e aos 18 anos foi estudar na Politécnica da Escola Militar da Praia Vermelha.

Um ministro da Guerra visitou o quartel, mas em vez de saudá-lo com honrarias, ele tentou quebrar o sabre, pronunciou palavras de protesto, foi preso e expulso do Exército. Com a Proclamação da República, foi reintegrado. Casou com a filha de um major. Teve outras encrencas com a instituição militar e foi para São Paulo trabalhar como engenheiro. Recebeu convite para escrever para o Estadão. Em 1897 foi para Canudos por determinação de Julio de Mesquita. Começava aí sua contribuição e, ao mesmo tempo, o registro de uma epopeia pouco vista na literatura brasileira, hoje um clássico das nossas Letras.

Um dos livros que qualquer intelectual levaria em sua bagagem no caso de exílio em ilha deserta. Trata-se de obra feita com todo rigor de um estudioso, o que não difere em nada da vida empresarial, na qual tem de se apresentar o que há de melhor no mercado.

101 reflexões para evitar que sua empresa entre em crise

78 Ouvir as ruas

Nestes tempos em que os governantes aprenderam a velha lição de que é preciso ouvir as ruas, é preciso lembrar um cronista que adotou o nome da cidade em que viveu já chamava a atenção para este sinal de alerta.

O Rio deixara de ser um centro do Império para ser a capital da República. A cidade pretendia ser uma Paris tropical, muito chique. Os salões aristocráticos de Santa Tereza e Botafogo plagiavam os salões parisienses. O centro da cidade, com exceção à rua do Ouvidor, virou uma sufocante sucessão de ruas tortuosas ladeadas de cortiços miseráveis. Os pobres foram para os morros e subúrbios.

O poeta Ledo Ivo traçou o perfil do escritor João do Rio para a série da Academia Brasileira de Letras em livro publicado pela Imprensa Oficial do Estado. Disse que o combate a endemias como a febre amarela abriu o porto a uma intensa importação de mercadorias estrangeiras. Imperou a nobreza arquitetônica. Ainda hoje a megalópole degradada, suja e camelotizada evoca um passado triunfante, pelo que pude deduzir ao passar por lá recentemente.

Prosa, poesia, trajes, frases, adornos transbordantes. Noivos em noites de núpcias, chás, as polêmicas que se instalavam de tempos em tempos, os obituários, os sermões religiosos, as cartas de amor, tudo se rendia ao floreio e ornamental. Meninas ricas estudavam em aristocráticos colégios religiosos que nunca admitiram negras nem pardas, sequer morenas escuras. Mas eram sensíveis aos sobrenomes e recheio dos cofres familiares. Freiras piedosas ensinavam francês, boas maneiras e o temer a Deus.

Mulato, grandalhão e espalhafatoso, bebia champanhe. Viveu do jornalismo. Escreveu sobre as religiões, reportagens tão bem-feitas que até hoje são uma referência para antropólogos e demais estudiosos do fenômeno. Passou em um tempo em que, percebeu um dia, tudo passa. Até mesmo seus passos de visitante da noite.

79 Papagaios

Pássaros nativos da Austrália como os galahs e as cacatuas-de-crista-amarela estão aprendendo a falar com papagaios que fugiram das gaiolas para as florestas constataram, surpresos, naturalistas locais.

O chefe do departamento de pesquisa e descoberta do Museu Australiano, em Sydney, Martyn Robinson, contou que o museu recebeu ligações de pessoas que achavam que tinham enlouquecido ao verem diversos pássaros em seus jardins dizendo frases como "quem é um garoto bonito?".

Segundo nota da BBC, os papagaios domesticados passam para outros pássaros as frases que aprenderam dentro das casas onde foram criados. As novas palavras também são ouvidas pelos filhotes de cacatuas australianas desde o ninho, e elas tendem a repetir o que ouvem: "Estes pássaros são muito espertos e sociais. Comunicação e contato são importantes entre eles".

Em entrevista à imprensa local, Robinson explicou que o caminho natural para os papagaios que escapam de suas gaiolas é se juntar a um bando de pássaros selvagens, a quem acabam ensinando as palavras que aprendem com seus ex-donos.

Bandos de pássaros diferentes estariam se misturando e migrando para Sydney, de acordo com os pesquisadores, para escaparem, juntos, da seca na região de New South Wales, no sudeste da Austrália.

Para a publicação científica *Australian Geographic*, a expressão mais comum entre os novos pássaros falantes é "hello, cockie" ("olá, cacatua", em tradução livre), mas alguns também foram ouvidos ao dizerem palavrões.

Tanto os papagaios quanto as cacatuas pertencem à família dos psitacídeos, que possui espécies capazes de reproduzir sons da fala humana.

Levando o exemplo para nossa rotina da vida empresarial, vamos ver essas aves de variadas espécies, tem para todo gosto, aquelas que voam alto e aquelas que não querem nada com nada, a não ser repetir à exaustão o que alguns iluminados falam. E o que é pior, apresentam as ideias como se fossem suas. Papagaios!

101 reflexões para evitar que sua empresa entre em crise

80 Pensar o Brasil

Na histórica cidade de São Vicente um de seus melhores jornalistas, Manuel Fernandes, tem o hábito de contar com orgulho que um dia começou a profissão na redação do jornal O Sol, no Rio de Janeiro, sob as ordens de Ana Arruda Callado, competente profissional que escreveu um perfil publicado pela Imprensa Oficial em parceria com a Academia Brasileira de Letras, a respeito de seu marido, o jornalista e escritor Antonio Callado.

"O doce radical", como fora chamado pelos amigos Nelson Rodrigues e Hélio Pellegrino, foi para a Europa em guerra, aos 24 anos, no serviço brasileiro da BBC. Depois foi para Paris onde trabalhou na Rádio Difusão Francesa. A liberdade não foi apenas uma paixão de juventude. Consagrado como romancista, em 1968, foi ao Vietnã do Norte para entender como ele mesmo disse, "como os vietnamitas haviam conseguido, comendo arroz e caldo de peixe, forças para derrotar a potência militar que era a França e levar os americanos à mesa de conferências". Por esse amor à liberdade foi preso inúmeras vezes na ditadura brasileira (1964-1985), e teve ilustres companhias como Glauber Rocha e Carlos Heitor Cony. Certa vez publicou nota sugerindo a dissolução do Exército, foi julgado e absolvido por um tribunal militar, mas teve seus direitos políticos cassados. E recebeu solidariedade de pessoas como o colunista social Ibrahim Sued.

Teve um de seus romances, *Quarup*, filmado no Xingu, para onde foi com o escritor Aldous Huxley, que se mostrou desinteressado pelos índios, encantando-se apenas com as borboletas. Escreveu também o romance *Concerto carioca*, ambientado no Jardim Botânico do Rio e fez campanha para que não demolissem o chafariz das marrecas. Escreveu também sobre os tempos de Arraes e sua reforma agrária, embrião dos trabalhos dos sem-terra anos depois. E também escreveu algumas peças teatrais de grande importância como Pedro Mico, A Revolta da Cachaça e Madona de Cedro.

É importante ler o que Ana Arruda escreveu com muito afeto e amor sobre o grande escritor, como também ler ou reler seus livros do escritor que têm como centro sempre o Brasil, porque ao lado de Darcy Ribeiro ele foi um dos grandes pensadores sobre que rumo este país deveria tomar.

81 Pinguins de pelúcia

Rejeitados pelas mães, pinguins da Antártida de repente ganharam como amigos bichos de pelúcia. Logo começaram a brincar com os novos parentes. Claro que alguns desconfiaram e nem quiseram saber. Mas foi a forma que exploradores australianos encontraram para solucionar o problema de imediato. Os pinguins, e não os cientistas, viraram notícia que correram o mundo.

É uma lição para todos nós, comunicadores. Temos muitas vezes de improvisar ao sabor do acontecimento. Não dá para imaginar soluções mirabolantes. É preciso enfrentar o problema de frente e agir da melhor forma possível, uma vez que o tempo conspira contra nós. E todos que lidamos com a comunicação também sabemos o que significa isso, o tempo.

A cada dia um novo desafio se apresenta para quem se preocupa com as mil formas de fazer comunicação. Não há rotina, a cada momento uma situação diferente e nova se apresenta e aí nós, como os bombeiros, temos de apagar incêndios ou mesmo salvar vidas. Estou exagerando, sei, mas não a ponto de ignorar, por exemplo, que uma linha mal escrita ou um dado mal apurado pode acabar com a vida de alguém, sob o ponto de vista moral. A pessoa quando é jogada aos leões vira manchete, mas quando prova que não foi nada disso merece uma ou duas linhas, quando acontece de ele ser lembrado. Para a mídia, injustiça é mais interessante que a verdade.

Muitos empresários sonham em ser capa da revista Exame ou Veja, querem virar manchetes em jornais como Valor, mas se esquecem de que se não tiverem o que mostrar não tem como. Os cientistas dos pinguins de pelúcia certamente gostariam de ser alvo da notícia, em vez dos lindos bípedes emplumados, mas se tiverem êxito e imaginação em suas carreiras, quem sabe amanhã eles não serão notícia em revistas especializadas em divulgação científica? É uma entre tantas possibilidades.

101 reflexões para evitar que sua empresa entre em crise

82 Pinóquio eterno

As aventuras de Pinóquio foi escrito entre 1881 e 1883 pelo jornalista italiano Carlos Lorenzini, que adotou o pseudônimo de Carlo Collodi, e que escreveu excelentes livros "para adultos". O personagem apareceu pela primeira vez sob o título *História de um boneco*, ilustrado por Enrico Mazzanti. Na narrativa contada até então, o boneco morre enforcado. Para contentar seus já fiéis leitores, o desfecho foi alterado na versão em formato de livro, que li recentemente, em edição de Portugal. O Brasil conheceu a versão de Monteiro Lobato em 1933. É a história de um boneco que depois de passar por vários apuros se torna humano. Hoje, passados mais de 130 anos de sua criação, a obra passou por várias adaptações para o teatro, cinema (Disney o imortalizou em 1940) e vai chegar ao *stop-motion* 3D *Pinocchio*.

O sucesso e a vivacidade da história podem ser motivados pelo modo como o texto foi concebido. Os leitores são constantemente invocados pelo autor, que estabelece com eles um delicioso diálogo durante a narrativa. No estilo de Collodi há uma combinação de linguagem literária com a popular, falada na região de Florença. As frases mais simples e diretas são intercaladas com elementos de ironia. "Essas características tornam a obra tão travessa quanto seu personagem principal, é como se quem lê assumisse o ponto de vista de Pinóquio", diz a professora de literatura italiana da Universidade de São Paulo (USP), Roberta Barni.

O menino-marionete construído pelo marceneiro Gepeto personifica a Itália vigente na época – pobre, faminta e analfabeta –, que passava pelo momento da unificação e enfrentava grandes dificuldades. E esse retrato vem acompanhado de um tom fantástico, típico da fábula e da literatura renascentista, reforçado nas ilustrações. É também a combinação contraditória do real com a magia, um dos fatores que tornam a história tão popular, nota o professor Andrea Lombardi, da Universidade Federal do Rio de Janeiro.

Há quem veja na obra um forte traço moralista. Uma interpretação pedagógica, como a do italiano Giorgio Manganelli, atribui a ela um papel educativo, em que o grilo falante seria a representação da voz da consciência e a simbologia contida na história, uma ferramenta para reforçar ou reprimir comportamento.

Quem não ouviu a advertência de não mentir porque senão o nariz cresce ou tem de estudar para não se transformar num burrinho? Nessa linha, entende-se que Pinóquio só se torna grande quando se dobra às leis sociais, começa a trabalhar e passa a distinguir o certo do errado.

Polemista, o pequeno boneco continua sua trajetória vitoriosa por séculos e séculos afora.

83 Polo de convergência

Que o SBT é uma emissora de comunicadores todo mundo está de acordo. O que diferencia esta das outras emissoras é que, entre outras coisas, o patrão dá autógrafo para os funcionários. O segundo homem da emissora, José Roberto Maciel, conta que trabalha para dar robustez à emissora como uma grande empresa, com as devidas ferramentas de gestão, balanço publicado para o mercado e muito planejamento. Passou pela Unilever, KPMG, Ultra e há 13 anos foi para o SBT. Sabe que o a programação do SBT sempre esteve voltada para as chamadas classes B, C e D, e que também as mudanças precisam estar mais identificadas com a massa no Brasil.

Mudar constantemente a grade da programação é uma estratégia? "O mercado critica essa postura, pois é difícil planejar na ponta da agência, do anunciante, uma campanha se o SBT fica mudando muito a programação. Há mais de dois anos o SBT não é a emissora que mais altera a programação. Mas no mercado ainda temos essa imagem e precisamos mudar essa percepção. Silvio Santos percebeu que as modificações precisam ser mais pontuais e a grade de programação mais perene".

O contato com o patrão é feito ao telefone: "Silvio Santos é muito objetivo e acha que as reuniões tomam muito tempo. De vez em quando chama as pessoas para o seu camarim para resolver assuntos pontuais. Diferentemente do que muita gente pensa, ele não interfere em tudo. Ele participa daquilo que é o coração de uma televisão, que é a programação. O SBT é auditado por empresa de grande porte. Somos a única emissora de capital aberto que publica balanço. As pessoas questionam porque mostramos esses números. Eu acho que todos deveriam mostrar".

"Vivemos eminentemente do mercado publicitário, diferentemente de outras emissoras. Por mais que se fale das novas mídias e que a atenção do telespectador esteja dividida para outros meios (computador, *tablet* ou seja lá o que for), o que mais percebemos é a pessoa vendo TV com o *tablet* ou o *laptop* na mão. Eu tenho uma aposta. O grande polo de convergência vai ser a mobilidade. Cada vez mais se consome internet pelos *smartphones* e *tablets*. O celular tem a possibilidade de ser o meio de pagamento como em outros países. No Japão mais de 60% das transações bancárias já são feitas pelo celular. Na minha crença isto (mostra seu iPhone) será a tendência, porque ele é pessoal, carrego minha vida nele".

Um desafio e tanto para o homem do SBT. Torço por ele para que consiga vencer, porque os desafios estão aí e, se não corrermos, pode ser que haja o risco de sermos passados para trás. Como em toda empresa.

101 reflexões para evitar que sua empresa entre em crise

84 Predadores

No Grupo Folha fez carreira: foi repórter, redator, editorialista, colunista político e de TV, editor-chefe e secretário de redação, um dos responsáveis por transformar a Folha Online em Folha.com. Ricardo Feltrin contou à revista Imprensa que "todo dia acontece alguma desgraça: ou é funcionário que fez uma besteira em um banco ou é um roubo, um crime passional causado por alguém da empresa". Aí se deu conta de que a gente vive no meio de crises.

Conversou com muita gente, afinal tinha passado 22 anos na Folha, dez de UOL. Lembra que em 2001, quando acabou o sequestro da filha de Silvio Santos, comentou que não haveria nada tão desgraçado. Dez dias depois dois aviões bateram no World Trade Center. E o domínio das prisões pelo grupo PCC: "O próprio jornalista às vezes é vítima de predadores porque, por exemplo, um funcionário de empresa de 1.500 trabalhadores comete uma chacina, mata a família inteira. Vai demorar minutos para algum jornalista descobrir onde ele trabalha, aí obviamente vai sobrar para aquela empresa. Pode ver, na crise os dois lados da ponta são jornalistas, o que vai caçar a notícia e o que está na assessoria de imprensa e que vai levar essa cacetada".

Feltrin contou o caso de cliente da Vivo que tinha aparelho com defeito e ligou para o atendimento da empresa, reclamou e o atendente disse "joga seu aparelho na parede". O azar dele é que a mulher gravou a ligação e colocou no Facebook. Em três horas isso já estava em todos os *sites*. Nesse caso a culpa é da empresa? "Se você pensar bem, não é. O erro da empresa foi ter contratado uma capivara dessas para ficar atendendo as pessoas e, no meu entender, demorar horas e horas para manifestar. Pior é que, quando tomou uma atitude, foi aquela coisa óbvia, lamentamos muito o ocorrido, blá-blá-blá". Já que tratou o cliente como um cavalo, o procedimento correto seria chamar a pessoa e falar: "Você vai ganhar esse celular de última geração e toma uma passagem também para um *resort* com tudo pago. O que essa mulher ia fazer? Postar no Facebook. E sabe o que iria acontecer? As pessoas iam começar a fazer brincadeira ao contrário, desse jeito eu também quero ser maltratado pela Vivo".

85 Problema na imagem do índio

Jornalista resiste em aceitar o índio e não contribui para o esclarecimento do assunto. Ao contrário, os veículos de comunicação alimentam a discriminação e os estereótipos. Tem repórter que pede até para o índio esconder o celular, na tentativa de mostrar sempre a face do índio primitivo, e esquece que as tribos são compostas por cidadãos brasileiros que também reivindicam seus direitos e lutam por melhor qualidade de vida. Ser índio hoje é aceitar as mudanças tecnológicas e lutar por sua inserção na sociedade, sem esquecer da cultura e da tradição dos primeiros povos que habitaram o Brasil antes da colonização europeia. Palavras de Olívio Jakupe, escritor, poeta e presidente da Associação Guarani Nhe'E Porã, da aldeia krukutu, baseada em Parelheiros, Zona Sul da capital paulista à Pamela Forti da revista Imprensa.

"Tudo depende de cada jornalista. Eles vêm à aldeia e querem mostrar nossa realidade, os problemas que acontecem. A sociedade tem um preconceito muito grande com o índio, isso é até resultado de um trabalho malfeito (da mídia). Porque a sociedade vê no índio o primitivo, como dizia Rousseau, o bom selvagem. E o índio é gente como todo mundo, comete erro. Tem que mostrar o índio de 1500, mas tem que mostrar também o índio de agora, porque os índios mudam, estamos mudando. E a sociedade não quer que o índio mude, quer que ele seja primitivo a vida toda. E a imprensa às vezes faz com que a sociedade acredite que ele continua do mesmo jeito. E não. Aqui, na aldeia, a cultura em geral é guarani, a religião, a língua... Mas nada impede que a gente viva algumas coisas como o branco vive. Eu tenho celular, Facebook, Orkut, tenho livros escritos e publicados. Podemos seguir a realidade do branco sem perder a nossa cultura".

"A sociedade não tem noção de como é uma comunidade indígena. Ela está acostumada a ver na televisão ou nas revistas sempre aquele índio de mentirinha, pelado, pintado. A imprensa tem que ajudar nesse sentido. Quando vou dar palestra, os caras se assustam. Nossa, esse cara é índio? Como ele sabe mais que eu? Isso também é um preconceito. Eles acham que o índio não tem capacidade".

"No Brasil tem comunidade indígena de 200 pessoas, por exemplo, que mora numa área de 2 mil hectares. Para o branco é um absurdo, agora, se você jogar essa área de mata na mão de uma pessoa branca você volta dali a dois anos e não vai ter mais mata. O costume do índio é diferente, nós dependemos da mata para caçar, pescar, plantar, passear. Tudo o que a gente faz depende da mata. E o jornal veio aqui e fez uma distorção. Você tem que viver a cultura indígena para entender".

Viver a cultura dos índios para entendê-los. E o que isso tem a ver com a rotina das empresas? Exatamente a mesma coisa.

101 reflexões para evitar que sua empresa entre em crise

86 Propaganda e *Markerting*

As grandes empresas têm departamentos bem estruturados e profissionais com longo tempo de carreira. Já as pequenas e médias não sabem nem como começar o trabalho.

O consultor em *marketing* Eloi Zanetti, diretor da Aberje do Paraná, é quem observa: "A maioria dos empresários ainda confunde propaganda com *marketing* e coloca, para tocar assuntos de comunicação, profissionais da área de promoção. Nada contra a turma da promoção, mas é que eles têm a mão pesada para um trabalho tão refinado como o da comunicação corporativa. É igual a um cozinheiro que carrega demais no tempero. A comunicação, que era para ser séria, vira mensageira de festinhas, de atividades institucionais comunitárias de caráter duvidoso e portadora de mensagens de incentivo às vendas".

O idealizador da Fundação O Boticário de Proteção à Natureza é quem diz: "Tenho observado que as faculdades que tentam ensinar a matéria Comunicação Corporativa carecem de exemplos mais práticos – ensinar mais o 'como fazer' e não 'o que fazer'".

A contratação de um grande profissional como Eloi é garantia de serviço bem feito, podem apostar, ou como a publicidade dizia antigamente, satisfação garantida ou seu dinheiro de volta.

87 Radiografia histórica da Baixada

O mais antigo e um dos mais conservados monumentos da arquitetura militar, o Forte de São João, está em Bertioga, que tem também outro forte construído pelo alemão Hans Staden, o qual sobreviveu a uma tempestade. Armas, espadas, capacetes e canhões são vistos hoje por 50 mil visitantes. Gente que frequenta o empreendimento Riviera de São Lourenço, surfa ou visita a aldeia dos índios guaranis com sua arte em palha.

Em Cubatão há a Vila Light, núcleo residencial com 150 moradias, que abrigaram os operários da Usina Henry Bordem. Guarás vermelho, símbolo da recuperação ambiental, sobrevoam as locomotivas que não apitam mais. Há também a velha estrada de Santos, a que Roberto Carlos deu vida nos anos de chumbo. A poluição quase afundou a cidade.

Em Guarujá usava-se óleo de baleia para impermeabilizar edificações, fabricar velas, iluminação pública e calafetação de navios. Em Santos há o Monte Serrat, que se sobe de bondinho puxado por cabo de aço ou por 415 degraus da escadaria, geralmente para pagar promessa. Sua praia tem um jardim com 5 mil metros de comprimento, o que levou o Guiness a considerá-lo o maior jardim frontal de praia do mundo. Mas há também a Bolsa Oficial do Café, que retrata um dos tempos áureos desta planta tipo exportação que fez a riqueza de muitos barões.

Tudo isso está no livro *Patrimônio Histórico, Cultural e Natural – Região Metropolitana da Baixada Santista*, com fotos de Marcos Piffer, texto de Taís Assunção Curi Pereira e *design* de Mônica Mathias, da Imprensa Oficial do Estado. Vale a pena não só folhear, ler, mas, sobretudo, visitar as nove cidades que compõem a região tão rica de história e de beleza natural.

Problemas locais estão em toda parte nas empresas, que podem ser globais, mas tem de atuar localmente. Empresa que não conhece o que está em torno de si corre o risco de cometer erros em situações de crise. As dificuldades parecerão maiores.

101 reflexões para evitar que sua empresa entre em crise

88 Riscos dos jornalistas

Grande jornalista Joel Silveira. Ao ser escolhido para cobrir a Segunda Guerra Mundial (1939-1945) recebeu do patrão, Assis Chateaubriand, a recomendação de "não morrer, porque senão como os leitores poderão saber da guerra?".

Até hoje há dentro das redações o mito de que o jornalista deve atender às expectativas dos superiores e aguentar todos os trancos em nome da notícia, e pouco se fala, já que muitos não admitem, dos pesadelos e das dores que certas coberturas podem causar. Embora os mais propensos sejam os profissionais que fazem reportagens em regiões de guerras e conflitos armados, a prática cotidiana também pode ser estressante e traumática em certas ocasiões.

Dados do Dart Center for Journalism and Trauma, entidade norte-americana especializada no estudo desses problemas, aponta que entre 86 e 98% dos jornalistas são expostos a alguma situação de trauma durante o exercício da profissão.

As colegas Pamela Forti e Thaís Naldoni, da revista Imprensa, ouviram a professora supervisora do curso de Psicologia da PUC-SP, Elizabeth Cardinali: "Em geral, pessoas que presenciam eventos violentos como guerras, assassinatos, tragédias naturais ou outras situações que envolvem morte, grave ferimento ou ameaça da integridade própria ou de outros podem desenvolver transtornos de estresse pós-traumático ou transtorno de estresse agudo. Os dois distúrbios causam medo excessivo, sensação de impotência, revivência aflitiva da situação, pesadelos, insônia e dificuldade de concentração. E o mal é progressivo".

A ONG Repórteres sem Fronteiras diz que desde a guerra no Iraque, em 2003, mais de 230 jornalistas já morreram. No período da guerra do Vietnã, entre 1955 e 1975, foram 63 profissionais da imprensa mortos. O Brasil é o terceiro país mais perigoso das Américas, para o exercício da profissão de jornalista, ficando atrás do México e de Honduras. Entre 2000 e 2014, foram assassinados 38 jornalistas ao investigarem assuntos como crime organizado, violação de direitos humanos, corrupção e tráfico de matérias-primas. Mas, como mediadores da sociedade, os repórteres precisam estar diante dos fatos. O resto é paliativo.

O risco a que todo profissional de imprensa está exposto não é diferente, guardadas as proporções, ao que acontece nas empresas, ou seja, há muita oscilação, problemas, confusão, números, dados estatísticos, enfim, há divergências a todo instante. Mas é preciso enfrentar tudo isso.

89 Selvagens na metrópole

Uma grande leva de nordestinos aportou na cidade de São Paulo na década de 1950 em busca de emprego, entre eles uma turma vinda da zona do sertão do São Francisco, em Pernambuco. Vieram também em menor número alguns índios pankararus, que foram aproveitados no trabalho de corte de árvore. Trabalharam em loteamentos de bairros do Morumbi, na zona sul, nas obras de construção do estádio do São Paulo Futebol Clube. Foram se instalando em pequenos terrenos vagos que acabaram virando a Favela Real Parque, hoje em processo de urbanização. Chegaram ao número de 3 mil pankararus, dando-lhes o *status* de serem uma das maiores etnias na maior cidade da América Latina. Depois do incêndio na favela, em setembro de 2010, muitos se dispersaram e o que estava em mil hoje está 200. Passaram a viver de aluguel em outros bairros ou voltaram para suas aldeias de origem.

Ubirajara Augusto de Souza, 47 anos, chegou à favela aos 20 anos. Seu pai trabalhou na construção do estádio do Morumbi. Conta que na favela existem pankararus como ele que rezam e usam ervas medicinais para a cura de doenças.

Na aldeia dos Terondê Porã, em Parelheiros, a 70 quilômetros da Praça da Sé, vivem 1,2 mil guaranis. São de oito grandes famílias com filhos, netos, bisnetos, noras e genros que vivem basicamente da agricultura e da renda do artesanato que oferecem para algumas lojinhas da capital.

O repórter Bruno Paes Manso foi a Mogi das Cruzes ouvir Elton José, de 32 anos, da tribo Terena, que veio há dez anos do Mato Grosso do Sul, onde caçava com lança. Estudou e trabalha atualmente na manutenção de computadores. Contou que está sentindo falta de alguns hábitos que sua tribo preza bastante, que é o contato e relação muito próxima com os parentes. Assim, cada vez mais distantes de tudo e principalmente do interesse da mídia, vão perdendo, aos poucos, sua identidade para se ver diante de um grande desafio, o de como resistir à avassaladora força que os destroem, como intrusos na dita civilização.

Os excluídos, como se vê nesta reportagem publicada em jornal de grande circulação, têm vida, vez e voz. Não se pode ignorá-los como também não podemos desprezar as pessoas com baixo poder aquisitivo. Nas empresas temos de estar atentos a tudo o que existe, mesmo que não estejam à vista. Aparentemente.

101 reflexões para evitar que sua empresa entre em crise

90 Ser feliz

Algumas razões para sermos felizes: a pessoa feliz é mais sociável, cooperativa, generosa e altruísta. A pessoa feliz é mais saudável por conta de seu sistema imunológico fortalecido por 50% mais anticorpos e baixo risco de desenvolver doenças cardiovasculares e pulmonares, diabetes, hipertensão e resfriados. Vive mais. Aumentar o nível de felicidade é uma meta científica e social que vale a pena. Pesquisadores definem a felicidade como a combinação entre o grau e a frequência de emoções positivas, o nível médio de satisfação que a pessoa obtém durante um longo período, e a ausência de sentimentos negativos, como tristeza e raiva.

O conceito de Felicidade Interna Bruta se originou no reinado do Butão, país situado no Himalaia, e hoje atrai um crescente interesse mundial, lembra a psicóloga Susan Andrews, autora de *A ciência de ser feliz.*

As pessoas estão cada vez mais se dedicando ao trabalho. Se isso as ajuda a ter melhores salários, também levará à deterioração dos seus laços sociais e familiares, que são muito mais importantes para seu bem-estar.

Na cabeça de muita gente dinheiro se equipara à felicidade, segurança, respeito e liberdade, exatamente as mesmas coisas que uma religião oferece. Sábios de todas as culturas vêm dizendo que, para desfrutarmos de uma vida mais longa e feliz, devemos amar e nos importar uns com os outros e fazer o trabalho de que gostamos.

Monge citado pela autora lembra que uma queda de energia nos torna conscientes da dádiva da eletricidade; uma torção no pé nos faz apreciar o caminhar; uma noite insone, o sono. Perdemos muito da vida por nos dar conta das suas dádivas somente quando somos repentinamente privados delas.

91 Sociedade de massa

"A sociedade de massa tem um paradoxo que vivemos cotidianamente: uma combinação entre o mais extremo individualismo com a mais extrema homogeneidade. Isso significa que não há forma de pensar a não ser o pensamento único. Mas esse pensamento único nos é encucado como se fosse algo absolutamente individual, esse é o truque. Então, se você tem uma sociedade que precisa ser individualizada por causa da competitividade, os indivíduos têm que se considerar a realidade básica porque é a partir daí que você compete, organiza sua vida, que você supera os outros e a você mesmo. Ao mesmo tempo, se essa singularidade fosse realmente vivida, a sociedade não poderia ser controlada, porque uma sociedade só é controlada quando é possível controlar todos os indivíduos como se fossem um".

Palavras do filósofo Franklin Leopoldo e Silva, da Universidade de São Paulo (USP): "Por outro lado, há um certo mito de que cada indivíduo é ele mesmo, ele deve superar os outros, vencer, o *self-made man*, mas isso é um truque social que prevaleceu no momento em que a sociedade dos indivíduos teve que se tornar uma sociedade de massa, o que produziu o individualismo e a homogeneidade. Como falar em individualismo se todo mundo é igual? Se os dispositivos sociais organizam todo mundo de modo homogêneo, os mesmos gostos, o mesmo lazer, as mesmas necessidades, e até os mesmos desejos?".

E o indivíduo? "O indivíduo na sociedade em que vivemos é uma figura abstrata, ele é todos e não é ninguém. Além da banalização da singularidade e da originalidade, você tem algo talvez mais forte, que é a impossibilidade da diferença – o que não é vivido como empecilho é visto como forma de se integrar à sociedade. O que seria o contrário de uma sociedade individualista? Seria uma sociedade comunitária, como na Idade Média ou na Grécia, em que todo o valor do indivíduo está no seu laço comunitário. Isso não pode acontecer a partir do século XVIII, pois o capitalismo progride e existe graças ao empreendedorismo individual, mas não pode levar a uma marca singular que dê à pessoa uma originalidade tal que escape do controle".

101 reflexões para evitar que sua empresa entre em crise

92 Sociologia da tecnologia

Antes, havia várias especializações da Sociologia, como sociologia do conhecimento, do trabalho, mas não havia uma sociologia da tecnologia. Aos poucos isso está ganhando certa centralidade. Como vivemos em uma sociedade de humanos e máquinas, as relações sociais hoje são entre humanos e máquinas. Uma sociologia da tecnologia considera essa perspectiva e vai estudar o que se passa em uma sociedade na qual se têm humanos e não humanos em uma interação inteligente.

O começo dessa centralidade se dá depois da Segunda Guerra Mundial, primeiro em planos de laboratório e depois sendo disseminada na sociedade inteira. As tecnologias da informação passaram a ter papel central na vida, no trabalho, na linguagem, na produção de conhecimento e em todos os campos da produção. O momento da virada é a década de 1970, quando as tecnologias eletrônicas penetram em todos os setores da sociedade. A partir desse momento houve uma transformação em todos os campos, você tem então uma sociedade tecnologizada, em que a tecnologia não é mais só um instrumento para você fazer o que quer, mas tudo o que você faz está intermediado por processos tecnológicos.

Conceitos do professor Laymert Garcia dos Santos, do Departamento de Sociologia da Universidade Estadual de Campinas. Como reagir a este mundo da aceleração? Ele diz que as pessoas não estão sendo preparadas, mas atiradas de modo quase selvagem nesse processo, e o aprendizado se dá como é possível. A crise das instituições fica evidente na incapacidade de elas responderem ao que está acontecendo. Ele avalia que nos próximos 20 anos haverá uma transformação tecnológica equivalente a 2.500 anos, que é o tempo da Pré-História para cá. Isso significa que toda discussão da obsolescência do humano, se vamos aguentar essa aceleração e o modo como o humano vai se transformar, estão colocados como uma questão vital.

93 Sugestão aceita ou não

Grupo responsável pela educação de grande montadora procurou o diretor de uma biblioteca pública que criou vários *workshops*. O tema era como contar uma boa história. Os responsáveis pelo evento convidaram alguns professores e diretores de escola e fizeram o encontro às segundas-feiras, dia em que a biblioteca está fechada para o público, em que só comparece o pessoal da limpeza. Diante do interesse demonstrado pelos encontros, o diretor da biblioteca sugeriu à fábrica que eles patrocinassem outro evento a que ele havia se dedicado com bastante empenho. Era uma série de depoimentos de artistas gráficos falando, aos sábados à tarde, sobre seus trabalhos e suas vidas.

Esse *workshop* com artistas gráficos foi organizado com a entidade de classe, uma associação que convidou pessoas não só da cidade de São Paulo, mas de todo o País. Os artistas se deslocavam sem verba, sem cachê, e procuravam se hospedar em casa de parentes ou de amigos. Prestavam depoimentos e eram fotografados, filmados e gravados. Posteriormente, tudo seria editado em livro.

Os representantes da montadora de veículos disseram que só patrocinam eventos que forem gerados na empresa. Se houver uma boa ideia vinda de fora, azar. O importante, o fundamental, é que esse projeto venha de dentro da empresa. Pelo menos é o que responderam. Para o diretor da biblioteca pública paulistana, isso não passa do que ele chama de "falta de vontade" dos responsáveis por projetos de comunicação das empresas. Pode ser. Burocratas de diferentes matizes nunca vão admitir mesmo que haja vida inteligente fora do seu ambiente de trabalho; giram sempre naquele mundinho monótono, cinzento e sem graça.

101 reflexões para evitar que sua empresa entre em crise

94 Telenovela cinquentona

2-5499 ocupado era o título da primeira telenovela brasileira, que foi ao ar em 1963. Foi escrita pelo argentino Alberto Migré e adaptado por aqui por Dulce Santucci, se reuniu o casal Tarcísio Meira e Glória Menezes. Inicialmente era levada ao ar três vezes por semana, depois passou a ser diário. Poucas pessoas acreditavam que um folhetim alcançasse tanto sucesso. Lolita Rodrigues, que participou desta novela, lembra que graças a ela passou a ser reconhecida nas ruas.

Essa estrutura narrativa veio de Cuba e da Argentina. Mauro Alencar, doutor em teledramaturgia pela USP, lembra que os folhetins ficaram mais apurados e com maior número em seu elenco e sofisticação dos cenários com o passar dos anos. Os enredos água-com-açúcar passaram a ser substituídos por crítica de costume, político e temáticas sociais. Houve época em que os censores perseguiram atores e os calaram, na Argentina, Colômbia e Chile. Por aqui, a novela Roque Santeiro, de Dias Gomes, estava gravada com 30 capítulos, mas os censores a proibiram, em 1975. Outras iniciativas foram abortadas nos tempos da Ditadura. Mas o tempo passou.

Lauro César Muniz, escritor de telenovelas, acha que as hoje elas estão regredindo ao cair no gosto popular menos exigente. Sonha com número menor de capítulos e conteúdo mais arrojado.

De qualquer forma, trata-se de um produto para exportação: a Globo chega a vender uma só novela para 126 países, e seu poder em atingir um número fabuloso de telespectadores que passam vida colados na tela é impressionante.

Vamos entrar no mundo da fantasia e, quem sabe, meia década depois de ver só intriga, maus exemplos, mentiras, dentro desse clima vamos imaginar algo real, a partir da lição do que se aprendeu com as telenovelas: que possa haver mudança do comportamento de grande parte da população de nosso País, que numa interação possível com os personagens de mentirinha, passaria a exigir vida melhor para todos, com direito pleno a educação, saúde, transporte, segurança etc. Isso será possível um dia?

95 Tempo de negócios

Lembro de sua imagem fazendo a previsão do tempo, transmitia credibilidade em uma época que não havia as lindas moças que hoje sorriem, dão voltas, exibem belas formas e esvoaçantes vestidos. Carlos Magno do Nascimento era funcionário público no Ministério da Agricultura, ao qual o Instituto Nacional de Meteorologia era vinculado.

Depois de muito contato com os meios de comunicação e demais empresas, teve a ideia de montar uma empresa que visava dar assessoria específica na área de previsão do tempo. Há 20 anos com o *slogan* "o céu fala, a gente entende", ele criou a Climatempo.

No primeiro ano a empresa tinha poucos clientes. O primeiro foi a Nestlé. O segundo, a rádio Eldorado. A agência Estado passou a ser sua cliente e também distribuía a previsão do tempo para diversos jornais e demais meios de comunicação no Brasil. Hoje praticamente todos os telejornais das grandes emissoras têm previsão do tempo.

Magno citou o caso das mineradoras que trabalham com material de detonação, explosivos, tudo muito instável. Ao ter a aproximação de ondas elétricas, a atmosfera fica ionizada, favorecendo as descargas. Nessas ocasiões, ao saberem disso, as empresas separam seu material e se protegem de eventuais problemas que poderiam vir a acontecer, de explosões não programadas.

Nas transportadoras de linhas férreas, se a chuva é muito forte, existe o risco de descarrilamento. Com a informação de que tem índice de chuva forte em uma determinada área, a linha férrea acaba reduzindo a velocidade para que não aconteça nenhum problema lá na frente.

Quando se tem uma onda de calor muito intensa, não pode faltar sorvete, refrigerante nem cerveja em determinada região só porque a pessoa não programou a distribuição ou não convenceu o comerciante a comprar uma quantidade maior, ou só porque não tinha informação disponível.

Os Estados Unidos já têm há anos informações meteorológicas disponíveis e uma cultura de uso dessas informações muito grande. Eles sabem que podem usar essa informação e que têm muito ganho com isso. É preciso convencer que a informação é útil e mostrar como ela pode ser útil. Não se trata de dar uma olhada no *site* para ver como vai ser seu fim de semana.

101 reflexões para evitar que sua empresa entre em crise

96 Trabalho, lutas e avanços

Antonio Negri, o filósofo e sociólogo italiano autor de *Império*, passou por aqui e conversou com o público sobre o trabalho: "É um elemento central na sociedade. Nós sabemos que no século XX o trabalho que produz mercadorias, o trabalho duro, foi profundamente modificado e, antes de tudo, porque se mudou o lugar onde o trabalho se desenvolvia. Continua sendo feito nas fábricas, mas também passou do seu mecanismo de valorização geral da fábrica para a sociedade como um todo".

Em reportagem na revista É, dirigida por Miguel de Almeida, Negri disse: "Acho que os operários que trabalhavam nas fábricas não queriam que os filhos trabalhassem nas fábricas também. Eles queriam que os filhos fossem à escola, à universidade. Queriam transformar as fábricas e o trabalho em alguma coisa mais produtiva, alguma coisa mais satisfatória para suas vidas.

Acho que as lutas dos anos 1970, não apenas na Itália, mas praticamente em todo o mundo capitalista desenvolvido impuseram a passagem da produção feita de maneira disciplinar, nas linhas de montagem em locais definidos, nos quais a classe operária se constituía como tal, com todo um mundo ao redor, que era condicionado por essa forma de cooperação.

Depois veio a outra fase, dominada pela nova economia, a organização pós-fordista, totalmente implantada sobre trabalhos imateriais intelectuais, isto é, sobre o fato de que os filhos dos operários conseguiram passar a outra fase, a outro momento de produção.

Sabemos que a cooperação é fundamental, porque uma pessoa não pode sozinha produzir valor, mas agrega um elemento precioso à produção. É assim que nasce o conceito de massa, diante do velho conceito de classe operária. A massa é uma multiplicidade de singularidades criativas, inseridas no processo produtivo, na medida em que são criativas e cooperativas. Acho que isso é muito bonito e foi imposto pelas lutas".

97 Unanimidade

Parece combinado, mas é real. Outro dia ouvi de um empresário que ele gostaria de aparecer nos jornais Valor Econômico, Estadão, O Globo, Folha e nas revistas Exame e Veja. Contou que havia contratado por um período uma assessoria que trouxe resultados que ele considerou "pífios", ou seja, apareceu em algumas publicações sem a menor importância. Perguntou se o comportamento da assessoria estava correto.

De maneira geral, qualquer pessoa que procura uma assessoria quer se tornar celebridade da noite para o dia. Não é possível. Ninguém aparece de repente e tem resultados surpreendentes. Ou melhor, algumas vezes acontece, mas isso com o tempo se mostra furado, o ídolo que era de barro não resiste.

É difícil explicar a um contratante que ele não vai ter resultados surpreendentes em pouco tempo. Mas é preciso mostrar que espaço se conquista, que espaço que se compra é o publicitário, diferente, portanto, do espaço editorial, que não tem valor que possa medi-lo.

Os meios de comunicação só darão a notícia se ela tiver conteúdo. Caso contrário a mensagem será deletada. E não adianta chorar. O tempo não volta atrás.

101 reflexões para evitar que sua empresa entre em crise

98 Uso livre das redes sociais

A Associação Nacional dos Jornais fez pesquisa sobre a "prática de comunicação digital" que apontou a visão dos chefes de redação de 80 grandes jornais do País sobre o uso das redes sociais por seus jornalistas. Resultado: 68% são incentivados por seus chefes a usar as redes profissionalmente, pelo óbvio valor poderoso delas. Dos diretores ou editores, 40% afirmaram que já tiveram problemas. Houve chamada de atenção, advertência ou demissão na sua redação por uso inadequado das redes sociais? Sim, em 75% dos casos, 16% de advertências e 9% de demissão.

Marcelo Rech, diretor do Zero Hora: "Os jornalistas sempre comentaram a concorrência entre si na informalidade ou na brincadeira, mas ao levar isso para o ambiente público suas palavras se transformam em uma opinião formal, profissional e jornalística. Falta essa dimensão do que é publico e privado".

Ascanio Seleme, de O Globo: "A distinção entre o indivíduo e o profissional nem sempre é clara para o público externo, que costuma entender as opiniões dos profissionais como sendo as do veículo".

Sandra Teixeira da Gazeta do Povo: "Um grande jornal, não sei bem se o New York Times, o Washington Post ou o Guardian tem um decálogo que termina com uma regra: não faça nada estúpido. A sensatez deveria bastar".

Leandro Fortes da Carta Capital afirma: "Os jornalistas estão sendo advertidos porque não usam a rede de acordo com o que os patrões querem".

Instaurada, a polêmica promete render pano para a manga.

Nas empresas de comunicação, como se vê, não há, a rigor, normas específicas para o uso das redes sociais. Já nas empresas de modo geral prevalece o bom senso de cada chefe, e neste caso ele vai separar o que é diversão do que é trabalho, todos devem ser usados desde que não atrapalhe um ao outro.

99 Violência urbana

Aconteceu com Mariana, filha do jornalista Gilberto Nascimento, da Record, e segue tal qual ele postou no Facebook.

"A violência em São Paulo: Dezenas de pessoas estavam em um ponto de ônibus em frente ao Shopping Ibirapuera, na Zona Sul, por volta das 20h. Um rapaz de 20 anos surge repentinamente e começa a esfaquear quem vê pela frente. Minha filha Mariana, 24 anos, é agredida violentamente com uma faca no rosto e cai no meio da avenida, na frente de um ônibus. Ela é socorrida. O motorista, o cobrador e outras pessoas perseguem o agressor, identificado como atendente de farmácia de um hospital nas proximidades. Ele tentou agredir outras pessoas e chegou a quebrar um carro. Preso em flagrante, foi salvo do linchamento por policiais. Segundo os PMs que o prenderam, o sujeito teria tomado medicamento no trabalho e depois consumiu bebida alcoólica. Mariana teve um corte no rosto, escoriação, luxação e foi levada para o Hospital São Paulo e, agora, passa bem".

Mariana, uma das duas filhas de Gilberto e Regina, ambos jornalistas, estava na hora errada e no local errado, certo? Errado. Já imaginaram se todos os trabalhadores em área de risco passassem a usar medicamento como pode ter sido o caso desse rapaz, o mal que ele poderia expor a todos os que vivem à sua volta? Vi uma cena parecida há poucos dias, em plena madrugada paulistana. No ponto de ônibus, dois meninos que trabalham em uma hamburgueria, ao irem para casa, bebiam cerveja que haviam levado em seus bolsos, e também comemoravam com dois potes de maionese desses enormes, vazios, que também levavam para suas casas para aparar a goteira da chuva que insistia em cair em seus quartos. Já imaginou se a dupla se excedesse, sob os efeitos do álcool? Eles poderiam aprontar no trânsito, como fez o agressor da filha do Gilberto, e as consequências seriam desastrosas, sob todo ponto de vista.

Para conter a violência urbana na qual Mariana se viu envolvida há um remédio e nisso a comunicação tem importância vital: uma campanha sistemática por todas as mídias implorando pelo uso do bom senso em nossas rotinas. É uma tentativa.

101 reflexões para evitar que sua empresa entre em crise

100 Vários públicos

No Brasil vender para as chamadas classes A, B e C significa falar com 70% da população. A Gol, por exemplo, parcela passagens em até 36 vezes, o que, fazendo as contas, pode ser mais vantajoso que viajar de ônibus. Também montou quiosques nas estações de metrô de várias capitais, *shoppings centers* e estações de trem como a Central do Brasil, no Rio, e a estação Mercado, em Porto Alegre.

O mercado de seguros percebeu que as classes menos favorecidas não têm a tradição de fazer seguro porque não tem o que segurar. O aprendizado aparece com o primeiro carro da família. E numa cidade de tantos roubos e acidentes, melhor gastar mais e segurá-lo.

Depois vem o seguro-saúde, "Deus nos livre das filas do SUS", pensam. O passo seguinte é o seguro da casa, depois o de vida. Também a estratégia do *marketing* está se adaptando a esses novos tempos. Com as redes sociais e a abertura de novos canais de comunicação, o consumidor quer ser tratado individualmente.

Rosângela Capolozi ouviu a empresa C&A, considerada uma das mais sofisticadas e bem resolvidas, com uma plataforma de comunicação bem estruturada. O diretor de *marketing* disse que a democratização da moda dentro do varejo é muito importante e a relevância está em levar ao cliente peças com informação de moda, qualidade e bom preço. Isso é fundamental para todas as consumidoras que gostam de moda e bons produtos, independentemente de classe social.

Na cola da C&A, outras empresas como Riachuelo, Renner e Líder começam a fazer um trabalho mais profissional. Deixam de ser lojas para abastecer a família com roupa, para serem pontos de encontro onde as pessoas se encantam com as marcas e produtos.

Em resumo, não se pode mais pensar em ser genérico. Nesses novos tempos o consumidor é rei.

101 Voz da razão

Trabalhei com ele na Folha nos anos 1975 e, depois disso, de vez em quando, cruzamos em outros estados dando curso, palestra e há algum tempo o leio e o assisto toda semana no obrigatório Observatório da Imprensa. Aos 80 anos, 60 de carreira, Alberto Dines foi entrevistado por Inês Pereira da revista Negócios da Comunicação. Sábias palavras foram ditas.

"Hoje tenho 80 anos e estou trabalhando mais do que trabalhava quando tinha 40 anos e acho até que com melhor qualidade. Por que nossos colegas de 70 anos, até de 55, pararam, estão aí perdidos de pijama, quando eles podiam estar nas redações ensinando a um custo baixíssimo? A gente nessa idade já é casada, tem filhos, netos, carro, um lugar para morar, já tem tudo. As necessidades são menores. E eles inventaram esse raciocínio de que o novo custa menos. Não, o novo custa mais, porque faz coisas ruins, vai levar tempo para aprender e acaba prejudicando os outros.

Nós temos uma penca de jornalistas excepcionais no Brasil inteiro que poderiam estar fazendo coisas com 65, com 70! Claro que podem, mas não é aberto espaço nas redações. Por alguma razão que eu desconheço, os caras botaram na cabeça que, chegando aos 60, está na hora de cortar. Nos Estados Unidos acontece o contrário. Larry King tem 78 anos e hoje é o maior do país. Eu particularmente não gosto muito dele, mas é muito bom no seu gênero. E agora ele está começando uma experiência nova com WebTV. Isso é formidável, é um desafio para ele. Mas aqui é diferente".

Depois de ter passado por jornal, revista, televisão, internet e rádio, qual destes meios o realizou mais? A voz da razão, o grande crítico respondeu: "O jornal, com certeza. Uma cachaça. É aquela coisa diária. Em francês, journal quer dizer jornada, a jornada do dia. É a complementação natural do dia, é você terminar o dia e colocar tudo ali, num ponto de vista narrativo".

A grande lição que mestre Dines nos dá é que a experiência tem de ser aproveitada, ou seja, democratizada, para todos. E é o que há longo tempo ele faz com sabedoria e talento. Vida longa ao mestre.

Esta obra foi composta em CTcP
Capa: Supremo 250g – Miolo: Pólen Soft 80g
Impressão e acabamento
Gráfica e Editora Santuário